谁说菜鸟不能玩转职场

秦加林◎编著

清华大学出版社
北京

图书在版编目（CIP）数据

谁说菜鸟不能玩转职场／秦加林 编著. —北京：清华大学出版社，2014

ISBN 978-7-302-35694-3

Ⅰ.①谁… Ⅱ.①秦… Ⅲ.①职业选择—通俗读物 Ⅳ.①C913.2-49

中国版本图书馆CIP数据核字(2014)第056796号

责任编辑：胡雁翎
封面设计：马筱琨
版式设计：思创景点
责任校对：曹 阳
责任印制：李红英

出版发行：清华大学出版社
网 址：http://www.tup.com.cn，http://www.wqbook.com
地 址：北京清华大学学研大厦A座 邮 编：100084
社总机：010-62770175 邮 购：010-62786544
投稿与读者服务：010-62776969，c-service@tup.tsinghua.edu.cn
质 量 反 馈：010-62772015，zhiliang@tup.tsinghua.edu.cn
印 装 者：三河市金元印装有限公司
经 销：全国新华书店
开 本：170mm×240mm 印 张：14.25 字 数：205千字
版 次：2014年5月第1版 印 次：2014年5月第1次印刷
印 数：1～3500
定 价：35.00元

产品编号：058381-01

PREFACE 前言

如果你是一名即将毕业的大学生，你是否会为找到一份理想的工作而四处奔波；如果你是刚步入职场的新人，你是否会为怎么样处理好职场上的各种人际关系而感到苦恼；如果你是一名职场“老鸟”，你是否会为不能升职、加薪而暗自嗟叹。

每一天也许你都很努力，可是“运气”的天平似乎永远不偏向你这一边，眼看着身边很多不如自己的人都“混”得比自己好，你可能会感叹社会的不公、命运的不公。其实与其这样毫无意义地抱怨，你还不如静下心来仔细想一想，仔细地学一学相关的职场知识，或许你能够从中找到许多的灵感和启发。

很多人可能会认为只要自己有能力，只要自己埋头苦干，就一定能够找到一份满意的工作，就一定能够在职场上得到很好的发展。如果你也这样认为，那只能说明你“既傻又天真”。在这个竞争日益激烈的时代，职场中人际关系十分复杂，如果你不能够了解和掌握一些职场上的“规则”，就很难处理好形形色色的职场关系；如果处理不好职场中的各种关系，那你即使有再大的能力，也很难在职场上有所发展。

职场中的人际关系可谓是形形色色、纷繁复杂，既有员工与老板，员工与上级领导之间的关系，又有员工与客户之间的关系，即便是员工与员工之间，同样存在新员工与老员工、男同事与女同事之间的不同关系。正因为职场中各种关系错综复杂，必将要求我们每一个人对此有一个清醒地认识，只有认识到这些复杂关系背后的利益纠葛，才能真正理解职场上的各种“规则”。

职场上的“规则”可以说是随处可见的，比如在你面试时，当面试官要求你描述一下自身的缺点或者不足时，你该怎么办？据实相告，可能会让对方对你的能力产生怀疑；有所隐瞒，对方可能会觉得你很不诚实；如果将自身的优点当做缺点来表述，那可能会“聪明反被聪明误”，让对方觉得你很虚伪。究竟该如何面对这些难题，正是本书所要讲述的内容。

本书旨在帮助职场上的人厘清每一个人背后复杂的人际和利益关系，找到产生各种“规则”背后的根本原因，以及该如何应对才是真正行之有效的办法。无论是从面试该如何着装，还是该怎样向老板提出升职、加薪的要求；或是该怎样选择一位好老板，该如何正确面对职场上的“跳槽”选择……在本书中都将会为你提供一个全新的视角去解读和品味。

俗话说：“磨刀不误砍柴工。”想要在职场上有所发展和获得成就感，不妨适当停下你的脚步，用心去体会本书的内容，或许它所带给你的收获要比你“埋头苦干”的效果要好得多。

本书除封面署名的作者外，参加本书编写的人员还包括：陈慧娟、马世旭、李江、马国帮、刘琼、赵冉、李德华、肖艳、陈宗会、罗洁、徐洪、陈建平、马涛等人。由于编者的水平有限，且时间仓促，书中难免存在疏漏和不妥之处，敬请广大读者批评指正。

秦加林

2014 年 4 月

CONTENTS 目录

Part 7 办公室不是情绪的直播室 / 127

Part 8 职场小圈子，关系大学问 / 141

Part 9 想要升职加薪，搞定老板很重要 / 171

Part 1

每个用人单位，都有自己的一套标准

拿工作来攀比，要多傻有多傻

攀比学历、攀比收入、攀比工作……
让你乐此不疲！
好工作能让你更有面子吗？
到底是一时的工作待遇重要，
还是拥有长期的职业生涯发展更关键？
千万别再当傻帽，把工作当成攀比对象！

同学聚会时，你是否会为自己拥有一份高收入的工作而沾沾自喜？

找工作时，你是否会挤破脑袋也想进入外企、国企这些听起来“很棒”的地方？

觉得自己工作不如别人的好，就动起了换工作的念头，期望可以通过跳槽来给自己“镀金”。

这些想法都暂停！什么工作好，什么工作又不好呢？恐怕连你自己都难以说清楚。赚钱多的工作就是好工作吗？不一定！因为报酬和付出是成比例的。国企、外企就一定比私企好吗？也不一定！只能说在规章制度方面可能会更加完善一些，但是在人际关系上，大企业可远比小企业复杂得多。

如今许多人都认为，大学生就业难。可是难在哪里呢？是没有就业岗位吗？显然不是，招聘广告一抓一大把。是大学生缺乏实践经验吗？这个理由倒是可以成立。不过，也不见得所有公司都要招聘有经验的员工。其实说到底，难的只不过是过不了自己的心理关而已。

案 例

小杨今年即将毕业，找工作就是他的头等大事，每天早出晚归，哪个学校举行招聘会，他就往哪个学校跑。真可谓勤勤恳恳，一个月下来，收获倒是有的，可这收获并不能让他满意。原来，有家物流公司看中了小杨，初试和复试都已经通过了，就等着签合同了，但小杨却犹豫了。因为同宿舍的小林，平时也没见其怎么努力，可是找工作的运气就是好，居然找到了一家大型国企的分公司，待遇自然是没话可说了。于是小杨就觉得十分憋屈，自己如果与物流公司签了合同，总感觉没面子，可是不签，在当前就业形势如此严峻的情况下，说不定错过这村就没这店了，到时候后悔可就来不及了。

小杨的这种想法，相信经历过求职的人都会有。找工作时，总爱看看身边的人都找到了什么工作，不由自主地进行着比较，一份好的工作，无疑会使自己很有面子，而听上去不怎么好的工作，往往会让人觉得自己比别人矮了半截。

其实，每个人的能力和其所擅长的事情是不一样的，这也就导致了在工作岗位上，每个人所从事的工作内容不同。当然，每个人都想要找到一份自己喜欢的、待遇又很丰厚的工作。可现实往往不能尽如人愿，在不如意的情况下，就需要自己对这种矛盾进行调节。

俗话说工作无贵贱，行业无好坏。只要自己从事的工作能够实现自己的人生价值，那这份工作就是适合自己的。选工作正如选伴侣一样，漂亮的不一定是最好的，只有两个人性情相符，真正能从心底喜欢对方，这样的婚姻才能够长久。

专家建议

每个人都想要找到一份自己中意的、待遇又丰厚的工作，可是现实往往不能尽如人意，在不如意的情况下，就需要自己对这种矛盾进行调节。

在工作中能获得学习与提高的机会远比工作本身和工作的报酬更为重要。有些经验，是不能用钱来衡量的。

人在年轻的时候，能够获得学习的机会是最重要的，如果贪图一时之利，仅追求轻松而报酬丰厚的工作，那么对于你的职业生涯是没有益处的。

不是每个机会都值得去尝试

机会来了，要不要抓住它！
这个机会带来的新鲜感，是否需要尝试一下？
有机会不争取，会不会太笨了？
你可知有些机会，其实仅是个美丽的陷阱！

都说机不可失，失不再来。一旦有了机会，怎能放过呢？

借此机会，或许可以接触一些新鲜的事物，说不定会对自己的职业生涯有很大的帮助呢！

机会当然需要牢牢抓住，天上掉馅饼的事情可不多见，千万不能让别人抢了去！

面对大好的机会，你是否也会在心里如此盘算呢？想要借此机会尝尝“鲜”，顺势往上爬一爬。恐怕在面临机会时，只要是个正常人都会如此考虑吧。

许多人怕的并不是没有机会，因为只要做个有心人，机会总是有的。事实上往往是面对太多的机会，而让人手足无措。如果盲目地去抓住每一个所谓的机会，很可能这些机会会成为美丽的陷阱。

案例

小伟是一个小公司的技术人员，本来自己只负责一些技术方面的工作，工作倒也轻松自在。可是有一天，公司的一名销售主管将手中做了一半的工作抛下后辞职了。因为事出紧急，又未能及时招聘到合适的人员，所以公司老总非常着急。此时小伟以为机会来了，就自告奋勇地提出由自己担任销售主管一职。在当时的情况下，没有更好的解决办法，于是公司老总就任命小伟为销售主管，带领大家完成销售任务。得到晋升的小伟内心十分高兴，自己终于得到升职了。

当他的高兴劲儿还没过去，就发现事情并没有自己原来想的那么简单。虽然自己是销售主管，可是他手下的员工，有些是老板的亲戚，仗着老板这个后台，根本不服从管理；有些是公司的老销售人员，因小伟是外行缺乏经验，不太愿意听从小伟指挥。这样的团队，怎么能够做出好的成绩呢？

小伟想重新调整一下自己团队的人员，于是老板的亲戚们会立马去告状，说小伟的种种不是。正因为如此，老板并没给小伟充分的管理权，而小伟手下的员工从此以后更是变本加厉，不但不配合他的工作，反而整天想着如何能撵小伟走，好让自己坐上主管的位子。小伟被夹在老板和下属之间，想要开展工作非常困难。最后，小伟团队的销售业绩一塌糊涂，老板不得不重新请人来管理销售团队。之后小伟虽然从事之前的技术工作，但在老板的心中，其能力已经大打折扣，以后他再想加薪和升职恐怕会更难了。

有时候，当面临自己拿不准的机会时，放弃也不失为是一种良策。因为既没得到又没失去，原先的工作仍可照做。所以懂得放弃，也是一种机会，不懂得放弃，任何机会都不愿意失去，只会让自己有更多的烦恼，想成的事也会难以做成。

案 例

在同学聚会时，一名在事业单位工作的同学，对下海经商的同学十分羡慕，也想像他们一样多赚点钱，可是内心总有些不舍，事业单位的工作既稳定又没什么风险，如果经商失败，可就一无所有了。

于是他的内心十分矛盾，既想经商，又不愿放弃目前无风险的工作。同学们都嘲笑他，认为他既不想放弃已拥有的，又想得到更好的，是不可能的，对此他感到十分无奈。

分不清机会是好还是坏，不知道机会能否帮助自己更上一层楼，还是会拖住自己前行的脚步时，不妨考虑周全些，毕竟贸然“尝鲜”是需要付出代价的。

专家建议

抓住机会固然重要，但更重要的是能够分辨哪些才是真正的机会。有些机会，其实只是一个美丽的陷阱。

当面临自己拿不准的机会时，放弃也不失为是一种良策。以守为攻，有时候反而会比盲目冒进更加有利。

性格是命，职业是运

为什么你的工作做起来如此疲惫？
为什么你总是在闷闷不乐中完成工作？
为什么工作会让你有种挫败感？
是自己不够努力还是某项工作不合适你？
也许你只是没有找到适合自己的工作而已。

目前的工作总是让你提不起兴趣，不想做却因为生活所迫不得不做。也许你会拿“工作都是这样枯燥，没有乐趣”的借口来敷衍自己，强迫自己认命，接受自己所从事的工作；也许你会认为一个人的性格是天生的是无法改变的，而一个人从事什么样的工作、能取得多大的成绩完全要靠运气，都是靠上天注定的。如果你也是这样认为，那就大错特错了。

人的性格虽有一部分是天生的，而大部分却是后天的生存环境造就的。如果你所从事的职业不能与自己的性格相符，就如同穿着和自己气质不符的衣服，怎么都不能使自己心情舒畅。阿基米德曾说：“给我一个支点，我可以撬起整个地球。”在工作中，人的性格就如同是支点，找对了支点，再利用职业杠杆，才能够获得成功。如果支点都没有找准，不但不能获得成功，恐怕还会面临一连串的失败。

案 例

《鲁宾逊漂流记》一书的作者丹尼尔·笛福，曾经做过多年的牧师，后来发现自己不适合宗教生活便开始经商，当其经营的生意失败后，他又为报社撰稿，写政治文章以抨击国王和执政党，导致其入狱多年。最后，年近60岁的笛福开始了小说创作，《鲁宾逊漂流记》一书让他声名远扬，成为了闻名于世的作家。如果后来他没有找到适合自己的小说创作之路，恐怕笛福仅是芸芸众生中的一位平凡者，至今都不会有人知道他的存在。

除了性格因素的影响外，对一个人能否取得成功最大的影响或许就来自他的理想和信念。俗话说：“你想成为什么样的人，你就能成为什么样的人。”只有当你下定决心做某件事情的时候，你才能真正取得进步，获得成功。

案 例

美国职业篮球运动员乔丹，在NBA篮球职业生涯中创造了刷屏般不胜枚举的记录,被很多人认为是全世界最优秀的篮球运动员，也是NBA历史上第一位拥有“世纪运动员”称号的巨星。然而乔丹的篮球之路并不是一帆风顺的。

在高中的时候，乔丹加入了Laney高中的篮球校队。教练告诉他说：“迈克尔·乔丹，你身高不够高，没有超过180cm，所以即使你的篮球打得再好，以后也不可能进入NBA，我们决定不要你这名球员。”

一心想要进入NBA打球的乔丹向教练求情说：“教练，我可以不上场打球，但是我愿意帮所有的球员拿行李；当他们下场休息的时候，我愿意帮他们擦汗。请你允许我留在这个球队，跟这些球员一起练球。”

此后，乔丹早上练球、中午练球、下午跟着其他球员们一起练球、晚上还要练球，他比任何人都要努力。很快他的身高就达到了190cm，于是他如愿以偿地进入北卡罗来纳州大学，开始踏上了巨星之路。

一个人想要在事业上获得成功，当然需要靠运气，但是有时比运气更重要的还有事业与个人性格及条件等方面的切合度，以及个人对理想的执著与追求。安于现状，或者只知道怨天尤人的人是不可能真正取得事业上的成功的。

专家建议

古人云“天生我材必有用。”不是你没有用，而是你没有找到可以发挥自己才能的方向。

一个人之所以能够成功，是与他对成功的渴望程度，以及在实现成功的道路上他对这份理想的执著与坚持密切相关的。

女选文秘，男选技术

女生只适合做文秘工作吗？

男生只适合搞技术工作吗？

学美术的就只能画画吗？

学工程的就只能搞建筑吗？

选工作不能简单地一刀切。

选择什么样的工作？对于很多刚刚踏入职场的新人来说都是一件十分头痛的事。有的人会抱怨自己所学的专业不好找工作，有的人会抱怨自己的性别与所学的专业不相吻合，还有的人会抱怨不喜欢自己所学的专业，却又不得不从事与其相关的工作……

对很多人来讲，一入职场就要找到一份满意的工作的确是件很难的事情。什么样的工作才是自己真正需要的好工作，恐怕多数人连自己也不知道。其实你不应该把眼光仅仅停留在自己所学的专业、自己的性别、工资待遇等这些常规的选择标准上，也许你还应该学会从一个更深的层面来看待问题和选择工作。

管理学大师彼得·德鲁克 (Peter F. Drucker) 所提出的问题："我真正想做什么？我为什么要去做？我现在正在做些什么？我为什么这样做？"或许正是面临工作选择的职场人士应该深思的问题。只有彻底了解自己的性格、能力与工作适应性等问题，才能走出一条符合自己的职业生涯发展之路。

案 例

赫尼现在是深圳一家证券公司的总经理，她在事业上取得的巨大成功，并没有表面上看起来那么轻松自然，若不是她对自身有着清醒地认识、若不是凭借她一贯地坚持和执著，她就无法获得事业的成功。

赫尼是在1994年参加高考的，由于赫尼的父母都是医生，所以他们极力希望赫尼报考医科大学。当时从医是很吃香的职业，不但收入高，而且很受人尊敬，她还可利用父母原有的人脉关系。按理说报考医学专业对她而言是再合适不过的，但是赫尼自己却不这么认为。赫尼从小对计算机很感兴趣，初中时就能编写小程序了，因此赫尼想从事计算机方面的工作，而不是当医生。于是她不顾家人的反对，毅然报考了在当时还是比较冷门的计算机专业。

赫尼大学毕业以后，按当时的政策被分配到北京市的一家政府机关工作，收入也很稳定。在北京工作按理说是天子脚下高人一等，赫尼应该很满意才对，但是一年以后赫尼却选择了辞职，只身去深圳闯荡，因为赫尼心里明白按照自己的个性根本就不适合在政府机关里工作，在机关工作只会是拿工资混日子。

赫尼到深圳时，深圳还并不是个发达的城市，很多地方还很破旧，甚至像农村一样。但是深圳的企业管理机制是全新的，它为年轻人提供了更多的发展机会，这让赫尼看到了发展的前景，也更加坚定了自己的信心。

赫尼的第一份工作是在深圳一家证券公司担任计算机维护工程师，当时正逢这家公司要搬迁，所有的技术工作新人都可以参与，比如布线设置、更换服务器、机房强弱电调试等，赫尼因此在工作中学到了很多知识，这是在政府机关短期内所学不到的。工作一段时间以后，赫尼就发现在学校里所学的计算机语言知识，早已变得相对落后了，在工作中根本用不上。于是赫尼就开始自学先进的计算机知识。

工作几年后，赫尼又从事金融行业，她发现如果自己想在金融业有所作为就必须进入管理层，而作为一名管理者自己还缺乏很多的金融专业知识，于是她又开始自学金融专业的知识。

通过坚持不懈的努力，赫尼最终取得了如今的成就。如果赫尼当初循规蹈矩、按步就班地学习和工作，那么也许至今她还只是一名默默无闻的普通职员。所以选工作是一件长远的事情，千万不能被眼前的各种条条框框所限制。

在职场中，怎样才能不被眼前的条条框框所限制，找到一份适合自己的工作呢？

首先，要明白自己想要什么。择业时首先要制定自己的职业目标，确立好自己的人生规划。如果你已经确立了一个明确的职业目标，那你就应该沿着这个目标坚定不移地走下去。不要因为性别的差异、工资的高低或者是地域的限制而随意改变自己的职业规划，那样永远不可能有好的发展前景。

其次，正确认识自身的性格特点，找到适合自己的工作。日本伊藤友八郎曾经指出：适职＝能力 × 性格，并且性格比能力更重要。如果性格不符合某项工作的要求，即使你的能力再强，也是无法发挥出来的。事实上每个人的性格特点是不同的：有的人内向、有的人外向、有的人擅长人际交往、有的人喜欢独自专研……无论是哪一种性格都没有好坏之分，重要的是能不能扬长避短，合理地发挥出自身的性格优势。有些性格是可以改变的，但是有些性格却是改变不了的，当你的性格不符合你的工作要求，而你又无法改变自己的性格时，你就必须要考虑是否要换份工作了。

最后，需要不断地学习新的技能，以适应新的工作岗位。很多人找不到合适的工作，总会以自己的专业与工作不符为借口。要知道真正与所学专业对口的工作其实并不多，对多数人来说都需要在工作中不断地学习新的知识和技能，才能胜任工作。即便你所学的专业和你想要从事的工作毫无关系，但只要你有坚定的信念，努力学习与工作相关的知识，并在工作中积累经验，相信你一定能够获得成功。

专家建议

想要找到好的工作，就必须确立自己的职业目标，明确自己想要做什么。只有这样你才会有明确的发展方向，而不至于在现实中迷失自我。

想要找到适合自己的工作，就必须分析自己的性格特点、兴趣爱好，只有找到适合自己性格特点，自己感兴趣的工作，你才会有更大的工作动力，有动力自然就能发展得更好。

不托关系就找不到好工作吗

自身学历一般，又没有特长，
相貌平平，又缺少朋友帮忙，
既没钱又没有靠山……
你是否因为这些原因而感到苦恼？
事实上找到好工作并非一定要靠关系。

每年面临大学毕业的时候，总是几家欢喜几家愁。有些人学习成绩一般、能力平平，却可以通过家人的关系进入政府机关、事业单位或国有企业去工作；有些人家里虽然没有过硬的关系，可是却有足够的资金，这些人往往会选择自主创业或者给父母打工；还有些人学习成绩很好，可以选择继续读研、读博；最惨的就是既没关系又没钱的人，其必须要马上参加工作，才能缓解自己的经济压力。

这种既没关系又没钱的人，往往会觉得自己找的工作不好，于是他们时常抱怨社会的不公平、抱怨自己没有好的家庭背景、抱怨没有创业的资本、抱怨自己运气不好……

当你无法改变这个社会的时候，你就应该学会改变自己，去适应这个社会，一味地抱怨是丝毫没有作用的。虽然在现实生活中，有一个好的家庭背景，的确能让你找工作变得容易许多，但是一个企业想要发展，真正需要的还是有能力、有才干的人。如果你真的有能力，并且愿意付出努力，相信将来你也一定能够找到自己的人生舞台。如果现在你在职业道路的起点上输给了别人，那么你应该考虑的是怎样通过自己的努力来缩短这种差距，而一味地抱怨只会让你停滞不前。

案例

李敏是一个来自农村的女孩，她学的是财会专业。大学毕业时，李敏的同学有很多都靠家里的关系进了财政局或银行等国企单位，而像李敏这样既没关系又没钱的同学找工作就变得非常困难了。

面对困难，李敏的这些同学中有的人选择了继续读研以逃避就业压力，有的人则窝在家里怨天尤人，但是李敏深知抱怨是解决不了问题的，况且她家的经济条件十分困难，也不允许她有更多地选择。

于是李敏很快便找到了一份工作，在一家酒店里做前台收银员，月薪只有一千元左右。由于以前李敏就经常利用假期在超市做收银员的工作，再加上她踏实肯干，所以这份工作对李敏而言很容易胜任。

工作一段时间后，该酒店的经理就发现了李敏的过人之处，她在前台人员中学历是最高的，做事认真负责，能说一口流利的英语，而且酒店的客人对她的评价也都很好。

在前台工作了半年之后，李敏就被提升为前台的主管；一年以后酒店财务部有了一个空缺的职位，李敏又被调到财务部去工作；三年以后，李敏被提升为酒店财务部主管。于是李敏仅仅用了三年的时间，就从一名前台收银员转变为财务主管了，从每月工资不过千元到现在月薪近万元。仅花费了三年时间，李敏不但缩小了与自己同学间的地位和收入上的差距，而且从工作成就感和自信心而言，李敏觉得自己已经远远超过了那些依靠关系谋职的同学。

如果你没有很好的家庭背景、你家里有没有钱、你没赶上好的机遇……你都不必心灰意冷，要知道好的工作、好的机遇有时是能够靠自己的努力创造出来的，只要你做好充分的准备，发展机会一定会眷顾你的。

好的家庭背景、好的专业、好的机遇等，这些只是找到一个好工作的外在条件。能否拥有一份适合自己的工作，最重要的因素仍取决于我们自身的内在条件。作为个人来讲，想要找到好的工作就必须要找到用人单位和自身特长的契合点。若要找到契合点，就需要从以下几方面进行考虑。

首先，明白自己能干什么，对自己要有正确的评估。择业并不意味着自己想从事什么工作就能找到什么样的工作，前提是必须了解自己能干什么，即全面地分析自己的能力、特长、专业技能以及性格特点等情况，搞清楚自身的实力。认清了自身的实力后才能对所要寻找的工作有大致的选择方向和范围。有些人总是抱怨自己没有找到理想的工作，殊不知自己可能根本不具备胜任该项工作所需的能力和素质。

其次，要对自己能找到好工作充满信心。内心要随时充满对拥有好工作的强烈愿望，给自己充分的信心。择业时不要畏首畏尾，不敢向理想的单位推荐自己，要不放过进入好单位的任何机会。

最后，要让自己成为用人单位所需要的人。任何一家好单位都不会拒绝优秀的人才。如果你没被好单位选中，不要盲目地认为是自己所托的关系不够硬，而应该从自身的角度找原因。因此，在择业时不妨多了解一下用人单位对引进人才的要求，比如专业情况、技术能力、综合素质等，并积极地完善自我，使自己成为符合用人单位需求的人才。

当然，你也有可能会找到不错的工作单位，但职位却是自己不喜欢的情况。这时千万不要一概否决，如果你直接拒绝了这个职位，可能你连进入这家好单位的机会都没有了。此时你可以权衡利弊，判断在进入该单位后是否有换岗的机会，如果有，你就不要犹豫了；如果没有，你也需要仔细权衡，因为事实证明，大多数人虽然一开始从事的是与自己的专业完全不对口的工作，但是最终却因为其业绩突出而成为了该领域的专家，此类的例子不胜枚举。所以，择业时还是应该具有适当的灵活性。

专家建议

找不到好工作时，“没关系”可不要成为你的借口。与其坐着唉声叹气，不如尽快让自己行动起来，即使输在起点，也不要输在终点。

想要找到好工作，就要学会分析自己的优缺点、了解用人单位的用人标准，只有“对症下药”，才能做到“药到病除”。

工作“好坏”都是相对的，要知道什么样的工作都是要靠人来完成的，只要你自身具有实力、能力够强、素质过硬，即便在“不好”的工作岗位上你同样能够创造出“好”的工作业绩来。

已婚未孕女，求职真有那么难

虽说不应该有性别歧视，
可是已婚未孕的女士，
却总会以各种理由被用人单位拒之门外，
难道对她们来说找份工作就真的这么难吗？
从某种程度而言其实是需要技巧的。

很多已婚未孕的女性都会抱怨工作难找。的确在现实生活中，已婚未孕的女士在求职中往往会遇到一些阻力。比如某些招聘广告上就明确指出“女性应聘者，已婚已育的优先”。

为什么已婚未孕的女士求职会这么难呢？原因在于企业最担心这样的员工到单位时间不长，工作刚上手就怀孕准备生育了。《中华人民共和国劳动法》对于妊娠妇女是有特殊保护的，不能随意开除、调岗、调薪，因此，不少企业为了避免麻烦，索性对于这类女性采取不录用的办法。

已婚未孕女之所以工作难找，还在于有些女性的做法着实让企业头痛不已。有的女性一怀孕动不动就请假，病假、产假、哺乳假……不同类型的假期提高了企业的用人成本。比如有的女员工，刚通过试用期转正后就怀孕了，怀孕期间就经常请假，造成单位一度人员紧张，好不容易等到其生育完毕，产假结束后，单位收到的却是她的辞职报告。

案 例

商慧今年28岁，因为她和自己的老公以前不在同一个城市工作，所以结婚时商慧便辞去了原来的工作，来到了她老公所在的城市。

前不久，商慧经朋友的推荐到一家外资公司应聘文秘一职。这家公司对商慧的学历、专业、工作经验等都十分满意，最后，公司经理问：“你结婚了吗？有孩子吗？”商慧回答说：“去年结的婚，还没有孩子。”话音刚落，经理迟疑了片刻，便让商慧回去等候通知了。

一周后商慧接到了落选的通知。后来她通过朋友了解到的原因是：由于公司今年业务繁忙，而商慧的年龄已不小了，会尽快生育小孩，所以公司怕录用她以后，她会因为怀孕及生育耽误了工作。

事实上商慧至今仍没有要小孩的打算，她和老公打算在30岁之后再考虑生孩子的问题，但在应聘时多数人是不好意思谈及个人隐私的，因此商慧也就吃了哑巴亏。

有了这次教训后，商慧在下一次工作面试中着重注意了这个问题，她与所应聘的公司口头约定，工作满两年后再考虑个人的生育问题，也就是等到商慧生孩子时，已为公司工作将近三年的时间了，已为公司作出了一定的贡献，因此公司自然就愿意承担她因怀孕及生育小孩而产生的各种费用和损失。

对于已婚未孕的女士来说，找工作确实不是一件容易的事情，要怎样做才能度过这一关呢？

首先，对用人单位不必引瞒自己的真实想法。因为一旦谎言被揭穿，企业主管会怀疑你的人品，那样做只会降低你求职的成功率。如果通过欺骗的手段蒙混过关，而近期却有育儿计划，那么既要努力工作以掩盖事实，又要小心翼翼保重自己的身体，容易造成较大的精神压力，反而会对自己的工作和身体造成不良影响。

其次，如果近期有育儿计划，那么就不要辞职，因为在原单位工作了多年，只要和企业约定好，通常情况下企业对有贡献的老员工还是会比较照顾的。

最后，虽然目前的就业形势比较严峻，但也不必过于灰心丧气，只要自己有能力，多数公司主管看重的是面试者的综合素质，并不会全部将已婚未孕女拒之门外。因此，个人的能力才是求职的关键。

专家建议

已婚未孕女找工作，首先要有诚信，不能用引瞒实情的方式去获得工作，否则会给用人单位留下非常不好的印象。

如果自己已婚，并且近期有育儿计划，最好不要急于跳槽，等自己产后再考虑变换工作单位也不迟。

频繁换工作的人，是不会受欢迎的

工资太低——换工作！

环境不好——换工作！

待遇不公——换工作！

工作没兴趣——换工作……

当心！频繁换工作坏处多。

想加薪，可是在目前的公司似乎机会不大，于是就用换工作来达到加薪的目的；工作环境不好，和上司、同事难以相处，于是就选择换工作的方式加以解决；工作内容枯燥乏味，自己毫无兴趣，还是选择换工作……对于职场上的很多人来说，换工作似乎是家常便饭，无论其换到哪家单位都会感觉不合适，就像无头的苍蝇在职场上四处乱撞，总以为下一个单位会更好，结果却总是事与愿违。

频繁换工作的人，在职场上是不会受到欢迎的。经职场调查显示：43% 的企业认为换过 7 份工作以上的人忠诚度太差而不愿录用，28% 的企业认为换过 5～6 份工作的人也不够忠诚，同样企业不太愿录用。一般来说，踏入职场 5 年左右的上班族，换工作的次数，最好不要超过 5 次。千万不要贸然换工作，如果在换工作之前没有进行良好的评估，那么盲目换工作可能会带来较多的负面影响。

案 例

李娜毕业于某财经大学金融专业，李娜在校期间就经常向其周围的同学打听毕业以后找什么样的工作好，什么样的工作工资高，什么样的工作有发展潜力。她一听说某项技能在毕业后有利于自身求职，便赶紧跑去学习。在本科四年的学习期间，李娜学习日语，还取得了保险代理人证、会计上岗证、驾照、普通话等级证书等多种证书。

毕业后，李娜信心满满，抱着一大摞的证书四处求职。李娜最先找到了一家私企从事会计工作，三个月试用期后，李娜因为工资太低、福利待遇不好，跳槽到保险公司从事保险推销员，此前她听说保险行业收入高，赚钱容易。没想到两个月后，因为她没有业绩而被公司淘汰了。在之后的半年时间里，李娜做过前台接待、理财顾问、电话销售、部门助理等不同类型的工作，但是没有一份工作能让她满意的，并且每份工作她都干不长。

就这样过了两年，李娜始终没有找到一份既稳定又满意的工作，而李娜也发现随着毕业时间越来越长，工作也越来越难找了。每当自己拿着厚厚的一摞证书，一张填得满满当当的个人简历去参加面试时，本以为会博得面试人员的好感，事实上面试人员往往会说她工作经历丰富、见多识广，却不愿意录用她。招聘公司宁愿录用那些刚毕业、毫无工作经验的人，也不愿意录用李娜这样工作经历“丰富”的人，这让李娜觉得既委屈又不解。

后来，李娜的一位大学同学给她分析了原因。原来他的同学毕业两年来，一直在一家公司从事人事工作，接触过大量的应聘人员，频繁换工作的人在职场上是非常不受欢迎的。因为他们公司也曾录用过很多这样的人，往往这类人被录用后一两个月或一年半载就走了，公司从招聘到培训他们花费了大量的精力和财力，但是他们还未能熟悉工作就走了，使公司不得不再去招聘新人，重复劳动往往令公司的管理者十分头疼，也使公司无法正常运作。因此既使你再有能力，只要你对公司没有忠诚感，不具备长期踏实工作的条件，对公司而言你所具备的能力实质上是毫无价值可言的。所以与其这样漫无目的地换工作，还不如真正静下心来干好一份工作。

听了同学的分析后，李娜幡然醒悟，回想自己若是把第一份工作干好，现在的境况也许会大不一样呢。

职场人士频繁换工作，诸多危害如下。

第一，影响自己的职业发展。频繁换工作会使个人无法积累工作经验，以致难以成为专业性的人才。离开一个熟悉的工作环境，融入新的工作环境是需要付出很多心血和时间的，职业技能的培养需要连贯性，频繁转换领域，对个人资源的积累和自身能力的提高都会产生影响。

第二，影响自己的情绪、打击自信心。频繁换工作容易造成个人对跳槽后的新职位仍没有信心，继而不断跳槽，久而久之便会陷入跳槽的恶性循环中。如果换工作的人本身就不太自信，则会在一次次地换工作中更加不自信，从而使其失去就业信心，最终导致实现自我价值的欲望也会逐渐削弱。

第三，影响自己的人际关系。频繁换工作会导致个人的收入不稳定，使生活始终处在一种动荡的状态中。这样的状态不但容易使父母担心，而且也容易影响家庭成员间的感情。频繁换工作会导致个人在职场中没有一张真正属于自己的人脉网。当求职者始终处于单枪匹马的闯荡状态时，是不容易事业有成的。

第四，工作换得越多就越难找到工作。频繁换工作只会证明你的能力不行、人际关系不够好或是你对该企业不够忠诚……无论从哪方面来讲对个人都是没有好处的。想要通过不断换工作的方式来找到一份更好的工作，那绝对不能算是明智之举。

综上所述，频繁换工作的负面影响很多，因此对求职的每个人，特别是那些刚毕业的年轻人来说，在换工作之前都应该静下心来认真分析自身的特点，比如自己的兴趣爱好是什么？优势有哪些？适合从事哪类工作等，找出适合自己的职业并进行相应的职业规划，这样才能使自己的职业发展可持续性更强。如果自己对自身的认识不足，则不妨找个有经验的朋友帮你一起分析。

摆正心态、了解自己的能力、确立自己的职业目标，当你能够很好地将其融为一体时，相信你就不会整天心浮气躁地想要换工作了。想要在职场中发展得更好，就必须脚踏实地，若总是这山望着那山高，想要一步登天，最终的结果必定会是一事无成。

专家建议

频繁换工作，不但会导致自己的收入不稳定、人际关系不稳定，而且还会导致缺乏足够的工作经验和技能，缩小升职加薪的空间。

想要换工作，先要摆正心态、了解自身的能力、确立自己的职业目标，当你做好了充分的准备后，再作决定也不迟。

社会背景与薪酬的不解关系

哪个行业工资高就选哪个行业，
哪家公司工资高就选哪家公司，
哪个城市工资高就选哪个城市……
仅凭工资高低找工作，
可能你永远也无法找到满意的工作。

很多职场新人在拿到学历证书后，对自己充满了自信，觉得自己一定能够得到公司的重用，同时也理所当然地认为能得到很高的薪资回报。因此同等学历的同学们，常会在工资收入上进行攀比，似乎工资的高低已成为他们衡量一切的标准。如果发现自己的工资收入比同学低，那么就会感到心里失衡，于是便想尽一切办法要跳槽；如果没有办法跳槽，那么就采取公司付一分钱的报酬自己就干一分钱的活，甚至能少做就少做，能躲避就躲避，敷衍了事，以此来满足自己的心理平衡。

事实上职场新人们往往是缺乏工作经验的，只有理论知识而没有实干经验的人，对于这类人群公司不会委以重任，自然也不可能支付较高的薪资了。此外，因为每个人所处的行业不同、所处的工作岗位不同、所在的地区和城市不同等多种因素，导致即便是相同的学历和背景、能力相当的人之间工资差别也会比较大。在此情况下，如果不对实际情况进行综合分析，盲目的把工资的高低当做衡量工作好坏的唯一标准，那样只会对你产生更多的负面影响，不利于你的职业发展。

案 例

张颖荣是一名IT院校计算机专业的毕业生，毕业以后留在当地的一所大专院校里从事计算机的教学工作。本来张颖荣对自己的工作还是挺满意的，学校工作环境比较好，人际关系也比较单纯，月收入五千元左右，虽在西部城市算不上太高，但生活也能过得比较安逸。

2013暑假的一次同学聚会彻底打破了张颖荣的平静生活。原来在同学聚会时，免不了大家会相互谈论工资收入，虽然毕业只不过三四年，但是同学间的工资差别已经非常大了。张颖荣有很多同学的工资收入都比他高，这让他心里有点闷闷不乐，想当初无论是学习成绩还是能力，自己在班上都是名列前茅的，没想到现在大部分人的工资收入居然都比自己高。有位同学对他的刺激更大，此人在校期间和张颖荣关系非常密切，两人各方面都非常相似，只不过他一毕业就去了上海的一家外资企业，当张颖荣问起他的年薪时，他只是淡淡地说了声："20万元。""20万元！"张颖荣心里有点吃惊，想到自己一个月才几千元钱，心里更多的感受是愤愤不平。

这次聚会后，张颖荣再也不能像往常一样静下心来去工作了，他时时刻刻都想着如何跳槽到一个工资高的公司去工作。什么工作内容、工作地点、发展前景等，在工资收入面前仿佛都化作了浮云。

后来，张颖荣通过网络找到了深圳的一家软件开发公司，为了获得那份理想的工资收入，张颖荣毫不犹豫地辞去了之前的工作。可是去深圳没多久后他便后悔了，虽然现在能够得到之前两、三倍的工资，但是深圳的物价要远远高于内地，各种开销都很大，更别提在深圳买房了；最主要的是现在的工作强度要比以前大得多，除了每天正常上班外，晚上要加班、周末要加班、节假日仍要加班。

张颖荣现在每天就像只忙碌的蜜蜂，不断地疲于应对各种工作，没时间像以前那样可以静下心来思考、享受生活，可是如今后悔也来不及了。

实际上像张颖荣这样的人还有很多，之所以会出现这样的状况，原因在于人们对于薪酬缺乏更深入地认识和理解。大多数人会因为自己目前所获得的薪酬太低，而将比薪酬更重要的理想也放弃了，实在有些可惜。而薪酬本身并没有一个具体的衡量标准，完全是因人而异的。

因此，首先要辩证地看待所谓的工资高低，影响工资高低的因素如下。

第一，工作单位的性质。有的单位是政府机关、事业单位，虽然实际工资收入不高，但是各种福利待遇比较好；有的单位是外资企业，虽然工资很高，但是除了工资收入以外，各种福利待遇相对较少；还有的单位属于股份制企业，基本工资虽然不高，但是实际收入与工作效益挂钩，弹性较大……

第二，工作的内容和时间。有的人工资收入虽然很高，但是工作条件非常辛苦。比如建筑、采矿业的职业，虽然其工资收入比较高，但是职工属强体力劳动者；IT 行业从业者虽然工资收入高，但是经常需要加班，属高强度的脑力劳动者。

第三，工作地区的不同薪酬待遇也不同。一般来说，我国的工资结构水平从东到西，呈现出递减的趋势。虽然东部地区工资水平相对较高，但是物价、房价也高；虽然中西部地区工资水平较低，但是其物价也相对较低。总之，工资收入的高低是与工作的内容、地区、时间等密切相关的,不能盲目地关注工资收入的数值,还应该从多方面综合地进行分析。

除了考虑工资水平的高低以外，我们还应该明白，工资水平的高低并不应该成为我们选择工作的唯一标准。工作虽是为了满足人们的生活需要，但人们进行工作并不仅仅是为了满足吃穿用行，还需要在工作中充分挖掘自身的潜能，发挥出自己的才干，做自己真正想要做的事情，以获得自信、荣誉与成就感，实现自己的理想和体现人生价值……

所以不应只为薪酬而工作，薪酬只是你工作的一部分，应树立“你想成为什么样的人，你就能成为什么样的人”的宏伟目标，只有当你真正静下心来工作的时候，你才能从工作中找到乐趣，才会有所成就，才会找到自己存在的价值。

专家建议

工资水平的高低与行业密切相关，也与工作的具体内容、时间和地区差异有关，选择工作的时候不要盲目地以工资水平的高低作为参考标准。

工作的目的不仅仅是为了获得工资收入，更重要的是为了体现个人的能力和价值，让自己成为具有成就感的人。

Part 2

面试如同推销，商品就是你自己

“模板式”简历，毫无吸引力

下载一个简历模板，
制作一个标准的求职简历，
随后在招聘网上四处投放，
满心以为会是遍地开花，
结果却如同石沉大海。

大多数人会认为制作简历还不简单吗？从网上下载一个简历模板，填上自己的基本情况和信息，写全自己的教育或者工作经历，然后将文字加以润色，一份简历就算大功告成了。

有些刚毕业的大学生急需要一份工作，还顾不上考虑自己未来的职业发展方向；或者是由于一时间难以找到合适的工作，迫使自己去从事任何工作。在此情况下，多数人会采取“简历海投”的战术，同样一份简历，将其同时发给多家不同的招聘企业。很多人认为这样遍地撒网，就是“瞎猫也能碰到死耗子”，总有一两个企业会选中自己，给自己面试的机会。

案 例

小王作为一名来自农村贫困家庭的本科生，在大四阶段便急于找到一份工作，通过学长们的指点，他选择了利用网络进行“海投简历”的方式求职。此后终日沉浸在各类求职网站中，只要遇到自己感兴趣的工作，一点鼠标就会将简历发送出去了，认为总会有公司选中自己的。事实果真如此吗？恐怕不是！由于小王投递的简历太过，时间久了连自己都记不清楚自己向哪些公司投递过简历了，时常会重复性地投递简历，最终导致那些公司人事主管的反感，从而失去了面试机会。

事实果真如此吗？恐怕不是！要知道有时候“模板式”简历，千篇一律毫无重点可言，招聘者从中根本无法获得有用的信息，在多如牛毛的求职简历中，这样的简历简直就如同废纸一般。“十鸟在林，不如一鸟在手。”有时候与其这么盲目地四处乱投简历，还不如静下心来，好好针对某个岗位进行细致研究，精心制作一份符合这个岗位需求的简历。

大多数人在制作简历时都容易犯同样一个毛病：在填写的简历中往往只是介绍了自己的基本情况和信息、自身的优点和成绩，大多是泛泛而谈地介绍了适合于所有职位的要求，却忘记了一个最重要的内容，那就是针对自己所要应聘的具体岗位，应突出自己的能力所在。所以这样的简历投出去后，往往如石沉大海一般，杳无音讯。

其实制作一份有价值的简历并不难，你只需按照以下介绍的步骤即可实现。

首先，简历要有明确的针对性。这点最为重要，在公司招聘的时候，被看好的简历往往都是针对该公司具体的工作岗位而编写的。招聘单位在收到简历后，面对一大堆的简历，招聘方可能并没有时间去逐份仔细阅读，所以他们只会用最短的时间筛选出符合自己岗位要求的简历，以及简历中具备胜任能力证明的人选。如果你在简历中没有明确提供该招聘岗位胜任能力的证明，那么很容易就会被筛选掉了。所以在你投简历之前，一定要了解想要应聘的职位和行业信息，并在简历中重点突出自己对该岗位的胜任能力。例如你想应聘行政管理一职，你就应该着重突出你以前在学校时的各种组织、管理能力，而不应重点描述你的才艺有多高。你要针对自己不同的应聘职位，分别阐述不同的胜任能力，并将其一一列举出来。有了详细材料后，招聘者就能从你的简历中迅速地找到他们所需要的能力信息，只有这样的简历才能使求职成功的几率提高。

其次，简历的形式要灵活多变。如果你要应聘的职业跨度很大，可以针对具体的行业制作不同形式的简历。你可在保留基本信息的前提下，针对不同的岗位需求将自己的职业规划和发展目标进行相应地修改，以突出不同行业的特点。此外，你还可以针对不同的岗位要求介绍你的特长，以便突出你与所具备应聘岗位的相关素质。

专家建议

简历不应“模板式”，千篇一律的简历很难使招聘者发现其中最有价值的信息，也很难使你的简历脱颖而出。

如果你要追求多个职业发展方向，或者想尝试不同种类的工作，那你应该针对不同的岗位要求制作不同内容的简历。

简历的内容并不是越多越好，重点在于你要熟悉你所要应聘的工作岗位，要能突出你具备胜任这个岗位的工作能力。

花血本置衣，就能“迷”倒面试官吗

应聘时男生穿着西装革履，
女生打扮得花枝招展，
身穿名牌服、脚穿名牌鞋，
你认为这样的打扮就一定能过关吗？
要知道穿得好不如穿得巧。

面试着装重不重要呢？当然重要！对于找工作的人来说，给面试官留下良好的第一印象很重要。当你敲门进去应聘时，面试官第一眼看到的就是你的着装打扮。一个人的衣着打扮，很大程度上能反映出一个人的气质和修养，也能反映出求职者的心态，及其应变能力。

俗话说：“人靠衣装马靠鞍。”既然面试着装如此重要，那自然是马虎不得，于是很多人都会不惜血本，买一套昂贵的“面试专用服”。要么是身穿笔挺的西装，要么是打扮得花枝招展，但是你真的以为这样就能“迷”倒面试官吗？

案 例

王毅是一名刚毕业的大学生，想去一家广告公司参加面试，当时正逢夏季最热的时候，清晨已是骄阳似火，热得让人浑身难受。

此前听说大公司面试时对着装要求很严格，一般都要着正装，所以王毅便早早地准备好了西装、衬衫、领带还有皮鞋。这一套标准的“面试专用服”是他不久前专程去名牌店精心选购的，这一套服装花了王毅好几千元，对于一名刚毕业的大学生而言，可真是一笔不小的开支。但是为了能给面试官留下好印象、找份好工作，王毅一咬牙还是将其买了下来。

等王毅把这套“面试专用服”穿好后，才真正体会到了什么叫痛苦，还没出门，就已经是汗流浃背了。为了符合大公司的着装要求，王毅还是硬着头皮穿着这套“面试服”出了门。

等到了面试的广告公司后，王毅已是热得头脑发昏、满脸通红了，加之有点紧张，所以当面试官提问时，王毅显得语无伦次，逻辑性很差，本来精心准备的面试答案早已忘得一干二净了。更要命的是因为实在太热，汗珠不停地从额头流下来，迫使王毅不停地用手去擦汗……

王毅的表现，让面试官觉得不太满意，对其的面试很快就结束了。之后王毅又不得不顶着烈日，怀着无比沮丧的心情回到宿舍。

由此看来，面试时不是穿得越好、越体面，就一定能给面试官留下好印象的，还应该根据实际情况合理着装才行。

那么面试时该怎样着装才显得得体呢？笔者的建议如下。

第一，面试穿着需根据行业的要求。如果是应聘销售、管理类需外表成熟和稳重的职位，无论是男生还是女生在面试时都应尽量着正装；如果是应聘设计、策划类重视创意的职位，则死板、沉稳的形象就不太适合了，此时可以穿休闲类或个性化较强一些的服装，再搭配一些不失品位的饰品，既显得大方庄重又不失年轻人的朝气。例如，王毅面试的是广告公司的职位，大热天穿西装太正式反倒不妥，若是穿一件清爽的T恤衫，反而会令人感觉既大方又得体。

第二，面试着装也要根据实际情况的变化而变化。虽然某些公司会根据面试者的穿着来评判应聘者的工作态度，但也需根据季节等实际情况而定。例如夏天女生可以穿套裙，男生可以穿洁净的短袖衬衫。其实在应聘场所，只要穿着得体、能够体现出干练即可，像王毅那样大热天仍然西装革履，反而会让人觉得不舒服。

专家建议

面试着装不是越贵效果就越好，要根据所应聘的职位选择恰当的衣服，要使自己的形象符合行业的需求。

面试着装不一定非要千篇一律。可以根据自身的气质、天气的情况，或者具体的场合进行适当的调整。

你的自我介绍全面吗

自我介绍说什么？
自我介绍说多久？
自我介绍怎样说？
看似简单的自我介绍，
其中蕴含着大学问。

在求职面试时，应聘者通常会被问到的第一个问题便是：你能做一个简要的自我介绍吗？面试官通常会用此问题来大致了解应聘者的基本情况。你可不要小看自我介绍，它可是面试官用以观察你的口才、逻辑思维、应变能力的重要手段哦！

该怎么做好自我介绍呢？很多人觉得这还不简单吗？自我介绍就是说出自己的姓名、年龄、爱好、学习经历、工作经历，况且这些信息在简历中都有，把它背下来就可以解决问题了。

实际上，恐怕不是背出来那么简单吧！难道面试官看过简历后还不知道这些内容吗？想必是要了解你对能否胜任招聘岗位的能力测评。比如，你目前喜欢或正在研究的技术领域，以及在相关方面所做出的成就等，面试官希望凭借你过去的经验、经历推断出你是否能胜任目前所应聘的工作。作为应聘者，在自我介绍时，应该充分突出自己的特色与优势，最好能够举例证明自己的工作能力，让面试官相信你不是在吹嘘。在结束自我介绍前，请不要忘记对面试官表示感谢，以表达你对他的尊重。

案 例

段浩和尹航两人都是刚刚毕业的大学生，两人学的均是英语专业，学习成绩也都十分优秀，恰巧两人同时去应聘一家外资公司的高级文秘职位。人事经理看过他们的简历后，难以取舍，于是便请公司老总亲自给两人进行面试。

两人进了办公室后，老总让他们分别做一个自我介绍。

段浩首先介绍说："我今年22岁，江苏人，刚从某大学毕业，我所学专业是英语，父母均是公务员。我的兴趣和爱好是电影和音乐，我本人性格开朗，做事一丝不苟，很希望到贵公司工作。"

尹航则介绍说："关于我个人的情况简历上都已进行了较详细地介绍。在此我补充两点内容是关于应聘该职位我所具备的优势：第一，本人英语口语成绩突出，曾利用假期在旅行社从事过英文导游，带过欧美旅游团。第二，我的文笔较好，曾在报纸、杂志上发表过十几篇文章，如果您有兴趣可以过目。"说完便拿出自己曾经发表过的文章递给了该公司的老总，并说了声谢谢。

最后，该公司老总录用了尹航。

由此可知，自我介绍这个问题看上去简单，但做起来并不简单。在自我介绍中可以着重突出自己的优点，体现出自己能够胜任这份工作的能力。自我介绍做得好，会给人留下良好的第一印象；自我介绍做得不好，会让人感觉你的表达和沟通能力不强。想要做好自我介绍，有以下五个原则需要注意。

第一，自我介绍时首先要主动报出自己的姓名、年龄和身份。虽然你不说，面试官也可以从你的应聘申请表、简历等材料中了解到相关内容，但即便如此，你也应该在面试时主动说明，这不仅是面试需要，还可以借此加深考官对你的印象。

第二，自我介绍的内容要简明扼要，以突出自身的优势。将简历中你认为对应聘岗位有用的信息简明地陈述出来，只阐述重点即可。例如，你的学历较高，你就可以先介绍学历；工作经历多，你就可以从中选出最能证明自己工作经验与能力的事例进行介绍。在介绍过程中一定要思路清晰、有条有理。这部分内容可提前在面试前组织好语言，不要因面试时紧张而显得语无伦次。当然，你所陈述的关键内容应与简历一致，千万不要有太大的出入。

第三，要合情合理地表述出自己选择这个岗位的原因。在面试时，你需要让面试官了解你对该职位的熟悉情况，以及想要获得该职位的强烈愿望，要能让面试官感受到你的积极态度。对于有工作经验的应聘者，通常面试官都想要了解他离开之前那个单位的真实原因，所以切记不要涉及不良的离职原因。比如人际关系不融洽、工作辛苦等。要知道任何企业都不希望招聘到和团队相处不好、害怕吃苦的员工。

第四，自我介绍时要自信，态度要真诚。自我介绍时一定要信心十足，要想让面试官欣赏你，就必须明确地告诉面试官你具有应聘该职位所必备的能力与素养，而只有你十分自信并能够表现出强烈的自信心后，才能让面试官相信你在这个职位上具备一定的实力。此外，在进行自我介绍时要真诚，千万不要东张西望，表现出漫不经心的样子，因为这会让面试官觉得你做事随意、散漫、没有诚意。在自我介绍完成后不要忘记对面试官表示感谢，要知道无论在什么时候，礼貌待人总是很重要的，时常会有人因为疏忽了某个小小的细节而影响面试官对其的印象。

第五，控制好自我介绍的时间与节奏。通常情况下，自我介绍应该在5分钟以内比较合适。基本情况用1~2分钟的时间，与职位相关的经验描述时间可稍长一些，最后需留少许的时间给面试官进行提问。不过在时间分配中，也需要根据具体的情况进行灵活调整。

把握好以上五个原则，相信自我介绍对你而言再也不会是件难事了，凭借它，你能在面试中变得游刃有余。

专家建议

自我介绍并不是简单重复你简历中的内容，重要的是要能在叙述中体现出你对所应聘的公司及其岗位的深入了解，要能体现出你能胜任这份工作所具备的能力与特质。

自我介绍时要有充分的自信心，只有这样才能让面试官相信你具备胜任此项工作的能力和信心，也才能放心地选择你。

自我介绍要把握好节奏和时间，自我介绍不能太短，也不能太长，要保证能在恰当的时间里把有效的内容清晰、顺畅地表达出来。

面试应答中一定要管好你的嘴

对于自身的优点总喜欢滔滔不绝，
对于自身的缺点总是迂回遮掩，
对于不同观点总是不停争辩……
面试应答中一定要管好你的嘴，
有时候并不是话说得越多效果就越好。

很多人认为，面试不就是在考口才吗？怎样才能让面试官觉得自己的口才出众呢？当然需要在面试中滔滔不绝，不停地夸奖自己的优点和特长才行；不管自己对该工作岗位或者该行业是否了解，都要侃侃而谈，假装自己很在行……

事实上你要明白有时候在面试中并不是话说得越多效果就越好，要学会管好你的嘴。因为，不恰当的言语只会给面试官留下不好的印象。

案 例

姚菲原本在一家私企做行政助理，有一天姚菲的家人打听到一家外资企业正在招聘职员，想让姚菲去面试。于是姚菲向公司请了假，悄悄跑去面试了。

起初，面试进行得很顺利，几位面试官在看了姚菲的简历后，对姚菲的工作能力和基本素质均给予了很高的评价。

“你在原来的公司做得挺好的，为什么想要跳槽到我们公司来工作呢？”一位年长的面试官问道。

“是我父母叫我来面试的！”姚菲不加思索地答道，那位面试官听后微微地皱了皱眉头。

“你平时除了工作以外，还有什么爱好和特长吗？我们公司很喜欢有文艺特长的员工，能够改善我们公司的业余文化生活。”另一位面试官问道。

姚菲一听公司需要有文艺特长的人，忙说自己喜欢音乐、舞蹈和绘画，以前在学校时自己表演的舞蹈还获过奖呢！

“那你都会跳什么舞呢？”一位女面试官微笑着问。

事实上姚菲跳舞获奖是上小学时的事情了，如今她哪还会跳什么舞呀，她以为面试官只是随便问问，没想到面试官那么认真。

“印度舞……”姚菲支支吾吾地想蒙混过关。

“那能不能请你为我们展示几个印度舞的舞姿”那位女面试官继续说着。

这下姚菲不得不硬着头皮站在面试官们面前摆舞姿，最后的结果当然是可想而知啦，不但弄得她自己尴尬不已、下不了台，而且面试结果也就不太理想了。

事实上，姚菲在面试中犯了两大错误：一是不该回答是父母叫自己来面试的，那样会显得自己独立性太差、没有主见、不够成熟。二是不应该炫耀自己已不具备的特长，要知道多数时候兴趣与特长，仅是面试官从一个侧面对你的综合素质进行测评而已，并不能起到决定性的作用，若是盲目夸大自己的特长反而会让面试官觉得你不够诚实。

由此可见，要想面试取得成功，一定要管好你的嘴，可不能乱说话，那么哪些内容是求职者在面试时需特别注意的呢？请牢记以下三点。

第一，切忌对自己的能力夸夸其谈。面试时对自己的经历与能力只要表述清楚即可，不要过于夸大，否则会使人难以信服。要知道负责招聘的面试官不是随便就能被你“忽悠”的，说太多的大话，当你还在为此自鸣得意时，也许面试官早已断定你是“拉大旗做虎皮”的人、浅薄至极了。对于自己具备的特殊能力，要抱有一种谦虚的态度，只需平静陈述事实即可，若面试官感兴趣必定会深入地进行了解。另外，阐述过程中，要学会适可而止，讲出重点，与面试无关的内容就不必说了。

第二，巧妙掩饰缺点。当面试官问到你的缺点时，你也许会婉转地回答以突出自己另一面的优势。比如因为自己追求完美，所以有时细致地工作反而会影响工作效率；自己喜欢学习，但总觉得知识面还不够广……殊不知这些看似聪明的答案，往往会一下被明眼人识破而觉得你虚伪。这种变相夸奖自己的伎俩早在面试中没有了生存空间。所以，如果面试官要求你说明自己的不足之处，你最好能诚恳地进行描述。毕竟缺点也没有什么好掩饰的，重要的是在谈及自己的缺点时，要强调自己克服这些缺点的愿望和具体措施。如此一来面试官会认为你比较诚实而且有上进心。当然在谈及自身的缺点时，还是应巧妙回避对应聘岗位起决定性作用的影响因素。

第三，应有效避免回答问题时答非所问、文不对题的情况发生。在面试中，面试官提出的问题过于宽泛而使你不知从何答起时，千万不要想当然、不假思索地回答对方提出的问题。对于不太明确的问题，一定要采取恰当的方式了解清楚后再回答。比如请求面试官说得更具体些，或者自己用理解后的语言复述一遍问题并向面试官核实自己的理解是否正确。这样就能避免自己在回答问题时驴唇不对马嘴的情况发生，否则会让面试官觉得你的理解能力较差。

对于自己不懂的问题，更不要牵强附会，承认自己的无知反而能让面试官觉得你很诚实。当然，不管面试官提出什么样的问题，你的回答都要尽量与你所要应聘的工作岗位密切相关。否则，不论你说得怎样天花乱坠、口若悬河，对面试官来说都是毫无意义的。

专家建议

面试的时候，对于自己的优点、能力不要刻意去卖弄；对于自身的缺点也不要刻意去隐瞒，对不懂的问题更不能不懂装懂。

面试的时候，应该时刻保持清醒的头脑，要知道面试的最终目的是为了让面试官相信你能胜任这份工作，自己所说的话不应偏离这个主题。

小心别被肢体语言出卖了你的心

面试中，手上拿着笔不停地转，
双脚不停地抖动，
两只眼睛滴溜儿乱转，
身体前后左右不停地晃动……
小心自己被这些小动作所出卖。

面试时的语言表达能力能在很大程度上反映出一个人的工作能力和社交能力，对面试者来说语言表达能力的确非常重要，但千万不要因此而忽略了肢体语言的重要性。美国加州大学某分校的一项研究表明，在个体给他人留下的印象中，7% 取决于用词，38% 取决于音质，而 55% 取决于肢体语言在内的非语言交流。由此可见肢体语言在与人沟通中的重要性。

在面试中，有时一个眼神或者一个手势都可能会影响面试官对你的最终评价。比如面试中适当地微笑，就能显现出一个人的乐观或者礼貌；一个标准的坐姿就能给人留下大方、自信的印象。恰当地使用肢体语言来进行交流，将会为面试者带来事半功倍的效果。反之，一些不恰当的肢体语言，则很有可能会出卖面试者内心的真实想法。

案 例

唐娜最近去一家公司参加应聘，她应聘的职位是公关助理。之前唐娜是做档案管理工作的，没有公关方面的工作经验，但是唐娜有位同学从事公关工作，因此她对这份工作有一定的了解，于是她打算去试一试。

在接到面试的通知后，唐娜就不断在网上查找有关这家公司和这个职位的相关信息，然后还请来了从事公关助理的同学，并向其咨询在实际工作中所需注意的问题。

如此一来，她在面试中表现得十分轻松，只要面试官提到与公关助理这个职位相关的内容，唐娜基本上能够做到对答如流，而且还能头头是道地列举出在实际工作中可能会遇到的问题。正当唐娜自认为可以顺利过关时，一个小小的动作却出卖了她。

当面试官问了一个与该职位无关的问题时，唐娜一不留神答错了，当其意识到后便吐了吐舌头，然后咬着嘴唇不敢再看面试官的眼睛了。

最终面试官给出的评语是唐娜不够成熟，缺乏足够的自信心，不太适合从事公关助理这份工作。

因此，面试时应聘者的肢体语言很重要。除了回答问题以外，千万不要让细微的动作出卖了你。那么面试时，应聘者该如何把握自己的肢体语言，让自己赢得面试官的好感呢？可参考以下五方面的内容。

第一，进屋时应恭敬行礼。走进面试室时，应聘者除了需要有礼貌地与面试官打招呼外，还要懂得鞠躬示意的重要性，整个过程一定要显得彬彬有礼、大方得体。

第二，握手时要坚定有力。进入面试室后，当面试官的手朝应聘者伸过来时，应聘者应该及时给予回应，与其握手。当然，在对方伸出手之前，应聘者不要主动把手伸出去，要知道握手时应遵循“长者”先伸手、“女士”先伸手的原则。在握手时应该坚定有力，不要毫无力气地去跟人家握手。在握手时为显尊重与真诚，双眼一定要直视对方的眼睛。

第三，坐姿要优雅、端正。在未听到面试官说：“请坐……”前，应聘者绝对不可以自行坐下，要等其允许后才能入座，并且入座后还应道谢以表示感激。入座时切忌不能将椅子全部坐满，通常入座三分之二即可，并且要挺直上身，并拢双膝，把手自然地放在膝盖上，以体现自己良好的精神面貌。坐椅子时不应靠在椅背上，过于放松的姿势会让别人误以为你不够重视，当然也不能只坐在椅子边上，否则会显得你过于紧张。

第四，面部表情要轻松自然。谁也不会拒绝微笑，所以面试时面带微笑，能使你显得亲切、和蔼又充满自信。注意是微笑，不能是过于僵硬或大大咧咧地傻笑，微笑时一定要自然。除了保持微笑之外，也不要忽略了与面试官的眼神交流。如果面试官只有一位，请正视对方的眼睛以示礼貌；如果有多位面试官，在回答问题时眼神一定不要忘了兼顾到所有在场的人。

第五，不要有太多的小动作。在面试时不要有太多的小动作，因为那些看似很小的肢体动作会是你内心状况的真实体现。比如无意间抚摸面部表示你没有把握；经常查看时间表示你缺乏耐心；玩弄衣角或其他物品表示你心不在焉；身体前后晃动表示你很紧张；一只脚不停地抖动表示你对当前的谈话内容不感兴趣；咬嘴唇表示你不够自信；吐舌头表示你极不成熟等。

总之，一个人的肢体语言会在不经意间给面试官留下深刻的印象，也会在不经意间暴露你内心的真实想法。因此千万要注意，不要在面试时被自己的肢体语言出卖了你的真实想法。

专家建议

面试的时候，站要有站姿，坐要有坐姿，眼睛不要四处乱看，手脚也不要随意乱动，每一个细小的动作都要引起足够的重视。

面试的时候，要恰当地使用肢体语言，不能过于放松和随意；也不能过于紧张和拘谨，要能充分地展现出你的自信。

肢体语言有时候更能真实地反映一个人的内心世界，对应聘者而言不仅要提高语言的表达能力，更要注重肢体语言的应用。

面试“谈薪酬”，别逞匹夫之勇

面试的时候谈薪酬，
报价过高，公司不接受；
报价过低，自己觉得吃亏；
什么时候谈薪酬？怎样谈薪酬？
这可是大有讲究的。

面试中，“谈薪酬”是个重要的环节，是让很多面试者感到为难的一项内容。报价过高，用人单位难以接受；报价过低，自己又觉得吃亏。对很多人而言“薪酬”是很重要的，因此他们时常抱着“宁高毋低”的想法，若要达不到自己的“薪酬”要求，便会采取拂袖而去的方式。

“薪酬”对职场中每个人而言都很重要，一个人的薪酬是与其能力、作用、表现、贡献等息息相关的。但是在面试时，用人单位在不能全面了解你的情况时，你就采取“狮子大开口”的方式讨要薪酬，这样做的后果是不但得不到你想要的“薪酬”，而且还会失去很多好的工作机会。

案例

某家公司需要招聘工程技术人员，有不少大学生前去参加面试。其中有两名来自北京某名牌大学的男生，在面试后给面试官留下了良好的印象，于是便与他们协商薪酬问题。

这两名男生一名叫李军，另一名叫王宏，面试官对他们说自己很满意他们的基本情况，公司正面临发展时期急需像他们这样的人才，所以真诚邀请他们的加入，关于薪酬问题，他们可提出自己的要求。

李军首先说："我们学校以前毕业的学长，现在平均月薪为×××××元，我也希望能达到此待遇，否则我是不会考虑留在该公司工作的！"

面试官一听李军所报的数目很为难，此数目的薪酬相当于一名工作了十几年的工程师的待遇，而李军虽说是名牌大学的毕业生，但是目前其对薪酬的要求如此之高，让面试官感到非常为难。面试官希望他能够降低薪酬标准，但是李军坚持自己的薪酬标准，不肯作出让步，于是面试官决定不能录用他。

当征求王宏的意见时，王宏说："自己刚毕业，没有太多的工作经验，目前的薪酬要求主要是为了满足自己日常生活中的各种开销，但是希望加盟该公司后，若是自己的工作业绩突出，希望公司能够给他提供发展空间。"

最后，公司不但录用了王宏，还将其的薪酬标准定为中等。

五年以后，王宏已经从这家公司的一名普通技术人员晋升为高层管理人员，而他现在的"薪酬"已经远远超出了李军应聘时所提出的数额。李军虽然后来也找到了一家能够满足自己薪资要求的公司，但是五年来他并没有太大的发展，其收入自然也没有增加。

面试谈薪酬，别总是逞匹夫之勇，特别是对刚毕业的大学生而言，用人单位对你的工作能力、工作表现等情况都不是很了解，在此情况下不可能给你开出很高的工资。当工资达不到你预期的数额时，你还需考虑此职位是否适合自己，自己在这个职位上有没有发展前途等。若是一味地盯着眼前的工资标准，只会让你鼠目寸光、裹足不前。

面试谈薪酬包含着很多的技巧，以下所列四点仅供各位达人参考。

第一，巧妙把握谈薪酬的时机。如果用人单位已经十分明确地表示要聘用你，那么接下来可能就会与你着重讨论薪酬问题；如果用人单位并没有明确表态，那你就不适合主动去讨论这个问题了，特别是在初试中，因为大部分薪资待遇问题招聘公司都会放在复试中再谈。初试的主要目的在于了解你能否胜任岗位工作，仅是一个筛选人才的过程。如果在初试时，你就急于谈薪酬，面试官都还不了解你是否能够胜任工作，必定会认为你只看重待遇，反而会给你造成负面影响。

第二，不要主动说出你理想中的薪酬数目。如果面试已进行到谈论薪资问题这一步时，记住最好不要比面试官先说出确切的数字，因为你一旦提出了确切的薪酬数目，就难以再有挽回的余地了。如果报价太高，面试官会认为你漫天要价，若恰巧面试官想以此为理由不录用你，那么再想降低工资要求都来不及了；如果报价过低，公司自然愿意接受，等真正开始工作后，或许你会感到后悔。稳妥的办法是等公司报出薪酬数目后，再根据自己的实际情况进行商议。其实大多数公司都有明确的薪资标准，一旦录用后，你的待遇也会按照公司的规定来进行发放。

第三，对自己能接受的薪酬数目要做到心中有数。面试前需了解自己的各项费用开支，明确自己所能接受的最低工资金额，如果公司的待遇不能满足你最低的生活消费，建议你还是应聘其他单位较为稳妥，免得在日后的工作中有较多的怨言，既影响工作又会失去寻找其他工作的机会。另外就是要对同地区、同行业、同岗位的薪资水平有大致的了解，做到心中有数，这样才不至于在面试谈“薪酬”时乱报价。

第四，学会用长远的眼光看薪酬。有很多公司除了发放基本工资以外，还会有奖金、福利等额外收入，不应忽视。还有的企业虽然目前发放的工资并不是很多，但是职工的发展空间较大，职位提升比较快，因此工资提升的幅度也会较大，这样的企业对个人而言往往更具有发展前景。应聘者不应单纯地的盯着眼前的薪水是否能满足自己的要求，要学会用长远的眼光来看待问题。

专家建议

面试“谈薪酬”要把握好时机，不要刚开始就谈薪酬，那样会引起面试官对你的反感，最终还会导致你失去“讨价还价”的机会。

面试“谈薪酬”要根据自己的实际情况而定，不要盲目地“漫天要价”。否则不但你的薪资可能达不到预期的要求，而且还会丧失工作机会。

面试“谈薪酬”要将眼光放长远些。工作对自己是否合适，有没有发展前景才是最重要的，盲目地盯着眼前的薪资是目光短浅的表现。

别让电话面试“杀”个措手不及

上课的时候接到面试电话，
在公交车上接到面试电话，
不知道面试电话中面试官的情况，
不知道面试电话中具体要提出的问题……
当心，别在电话面试中一败涂地。

对于很多大学毕业生而言，在接到面试电话时往往会感到茫然不知所措。有的人在接到面试电话时正在公交车上，有的人正在上课，还有的人可能正在吃饭……电话面试不像面对面交流时那样直观，仅能凭借声音传达个人信息。

但是很多企业在收到应聘材料后，都会通过电话来进行第一轮的筛选，因此电话面试其实就是初选，一定要想办法给面试官留下好印象，若是自己处理不当，或许你连面试的机会都没有。

案 例

陈莉是一名英语专业的大学毕业生，一天下午她正跟自己的朋友在逛街时手机突然响了起来，于是陈莉便用随意的口吻接听了电话。令她感到吃惊的是话机中竟传来一句流利的英语问话。由于对方语速很快，陈莉心中毫无准备，加之大街上声音嘈杂，因此对方说的话自己根本就没听清，只觉得脑子里一片空白。

"对不起，能不能请你再说一遍？"陈莉紧张得连英语都不知道该怎么说了，直接就用汉语询问起来。

此时对方又用英语重复了一遍，陈莉才隐约感到对方是一家外企公司，在收到自己投递的简历后，想同自己核实一下基本情况。

"好的，Please……"瞬间醒悟后的陈莉因之前毫无准备，再加上自己很紧张，居然中英文交替着、结结巴巴、非常生硬地回答着问题。

于是对方流利地用英语报出了公司名称，并询问陈莉的基本情况。陈莉对自己的情况还能较流利地用英语进行回答，但当对方问到她对该公司及所申请的职位有什么样的想法，以及将来自己的职业规划时， 陈莉彻底不知道该如何回答了。由于之前陈莉向好几家类似的公司投递了自己的简历，并申请了不同的职位，因此该公司的具体情况以及当时申请的是哪个职位，现在连自己都搞不清楚了，更不用说对该公司和申请的职位有什么样的看法了。

陈莉尴尬得不知该如何回答，过了半天才鼓足勇气用中文回答说："我对该公司及所申请的职位不是很了解，但是我会尽力把工作做好。"

只听对方果断地说："有机会我们再与你联系。"之后便挂断了电话。

之后，陈莉呆立在街边，很久没有离开。

最终的结果可想而知，陈莉再也没有等到那家公司的面试通知，这次电话面试彻底以失败而告终。

电话面试是对面试人员的初步筛选，如果想要得到进一步的面试机会，首先要过电话面试这一关。怎样才能顺利通过电话面试的筛选呢？必须注意以下三方面的内容。

第一，电话面试要选择一个恰当的时间。如果自己是在招聘网上投放的简历，应该提前为电话面试做好心理准备，千万不要出现手足无措的情况。如果对方来电时你正在忙手头的事情，一时无法脱身，不妨与对方协商改换时间进行交谈，尽量约好什么时间由自己打过去。若是约定由你打给对方的话，应选在其上班时间较为妥当。

第二，找一个安静的地方进行电话面试。在电话面试中，为了能够与对方进行很好地交流，环境安静十分重要。如果是和应聘单位事先约好了时间进行通话，那么在约好的时间段应聘者要确保自己处在一个不会被人打扰的环境中，这样你就能专心致志地应对电话面试；如果是招聘公司突然打来电话，那你应该先保持头脑冷静，尽快找个安静的场合再与对方进行仔细交流。不要在公交车上或者是嘈杂的大街上就与招聘方进行沟通，因为嘈杂的环境会影响你们之间的沟通效果。

第三，对面试单位可能提出的问题，需提前做好充分的准备工作。

在电话面试中常见问题如下。

电话面试开始时，招聘方会对你的基本信息进行核实。当对方在确认你的学习与工作经历时，你所回答的内容一定要与投递的简历中的内容保持一致。例如，简历中填写的学历为本科，在通话中你回答的是专科，这会给招聘方留下你不够诚实的印象。

在对方确定你的基本信息后，通常会让你对自身的工作经验、工作技能以及对所应聘的职位进行进一步的阐述。你要有条理地回答相关的问题，不能显出慌张与缺乏自信。

在电话面试的尾声，通常招聘方还会问你职业目标以及对薪资的期望等问题。在回答此类问题时要尽量符合招聘方所发布的招聘信息中的内容。例如，招聘方原定的月薪是2000元，你就不能说你期望的月薪是4000元，否则招聘方很有可能会因此终止与你的谈话。

总之，电话面试是一个短时间内通过双方的语言交流进行相互了解的过程，所以在电话面试前，你务必要对面试的时间、地点、内容等做好充分的准备工作，只有这样才能沉着冷静地应对各种电话面试。

专家建议

面对突如其来的电话面试，不要过于紧张。如果你手头正忙或者还没准备好，不如委婉地请求其换个时间或地点，等你充分准备好后再接受电话面试，效果会更好。

在电话面试前自己要有充分的准备，当你申请了一个职位，就应该提前对所申请的公司和职位进行深入了解，这样你才能在电话面试中从容应对各种提问。

好工作，有时候也需要朋友的推荐

怎样才能获得一份好工作呢？
有的人认为能力最重要，
有的人认为机遇更重要，
还有的人认为过硬的后台才是关键……
但是请不要忘记，
有时候通过朋友的推荐也能给我们介绍好工作。

在职场上每个人都渴望自己有一份好工作，渴望自己的事业能成功。在追求事业成功的道路上，面对各种各样的困难，很多人都会抱着顽强执著的态度知难而上，因为他们始终坚信“只要功夫深，铁杵磨成针”，只要自己不断努力，就一定会获得成功。

可事实果真如此吗？勤奋和坚持无疑是一个人获得成功必不可少的素质，但是在这个竞争日益激烈的社会里，仅凭自己的一腔热情是难以立于不败之地的，当遇到自己力所不能及的事情时，只有懂得依靠别人的力量，特别是朋友的力量，才能找到通往成功的捷径。

案例

孔明年轻时与博陵崔州平、颍川石广元、汝南孟公威与徐元直是关系很好的朋友，他们都是知识非常渊博的人，常常会聚在一起讨论国家大事。有一天孔明对其他四人说："你们要是做官的话可以做到一个州的刺史，或一个郡的太守那么大的官。"

"那你想做什么官呢？"另外四人问孔明。

孔明笑了笑并没有回答，他时常把自己比作管仲和乐毅。

汉献帝建安六年，在中原地区战败的刘备来投靠刘表，刘表对他心怀疑惧，让他屯兵新野抵挡曹操。徐庶通过观察，发现刘备胸怀大志，才略过人，并能够善待部属，素有人望。于是就前往新野拜见刘备。刘备非常器重徐庶的才干和人品，当即把他留在营中并委以重任，让他参与整顿军事并训练士卒。

徐庶到了刘备麾下以后，被拜为军师，先后几次帮助刘备击退了曹操的大军。徐庶卓越的军事才能，令刘备大喜过望，盛赞他有王佐之才，那时候的徐庶在事业上可谓一帆风顺，前途无量。

可是好景不长，曹操采纳程昱的计策，把徐庶的母亲接到许昌，再摹仿她的笔体写信让徐庶前来投奔曹操。徐庶是孝子，得知此讯后痛不欲生，便含泪向刘备辞行。

刘备不得已只好在长亭设宴与徐庶哭别，之后刘备仍对徐庶依依不舍，送了一程又一程，最后徐庶的马转了两个弯，被一片树林遮住了，刘备还伤感地说："我恨不得砍尽那些树！因为它挡住了我的视线，使我望不见军师。"

正当刘备准备返回时，突然看见徐庶又骑马回来了。刘备大喜，以为徐庶回心转意了，不料徐庶回来仅是向刘备保荐诸葛亮的，他举荐诸葛亮有经天纬地之才，治国安邦之能，人称"卧龙"先生，得其能安天下。对这位盖世奇才，不是冒然能请得来的，建议刘备亲自前往。

刘备后来果然亲自出马，便有了刘备三顾茅庐的故事。

古人云“千里马常有，而伯乐不常有。”职场上好的员工很多，好的老板却不多。纵然像诸葛亮这样能干的人才，如果不是因为徐庶的推荐，他怎么会有机会认识刘备这样的“好老板”呢？所以切莫忽视了朋友的力量，朋友也是你找工作时不能忽略的一个重要资源。

因此在职场中，良好的人脉关系是非常重要的。事实证明，靠朋友推荐工作的成功率要比自己通过投递简历求职的成功率要高出许多，所以平时要构建你的职场人脉关系网。如果你现在已经意识到其重要性了，请不要忘记在节假日时有计划地与他们联络感情，或发送问候邮件，或相邀聚餐。你可利用会议积极主动地接触一些陌生的朋友，收集他们的名片，并设法与他们建立伙伴关系。只有当我们身边的朋友多起来后，我们的人际关系网才会越来越广，我们的职业发展道路才会越走越宽，发展前景才会更好。

专家建议

在职场上广交朋友很重要，他们会为我们提供很多的信息和机遇，而这些又都是一个人在职业发展道路上所必不可少的资源。

朋友间不但可以互相提供感情上的支持，而且能够为我们搭建广泛的人际关系网，只有充分地利用好人脉关系，才能有效地拓宽我们的职业发展道路。

Part 3

今天工作不努力，明天努力找工作

没有“工作经验”不应该成为你的挡箭牌

没有“工作经验”所以工作不好找，
没有“工作经验”所以工作做不好，
没有“工作经验”所以不敢尝试新的工作……
无论你属于哪种情况，
没有“工作经验”都不应该成为你的挡箭牌！

刚毕业的大学生大都会抱怨现在工作难找，而在工作难找的理由当中，很重要的一条便是没有“工作经验”。“我们才刚从学校毕业，以前没有工作过，如今哪来的工作经验？”很多毕业生都会抱怨地说。

的确如此，现在很多公司在招聘员工时，都希望其具有工作经验，这在无形中的确提高了应聘的门槛。对于那些刚从学校毕业的学生而言，无疑是十分不利的。但是作为一名求职者你要明白一个道理：虽然招聘的公司要求其求职者具有相关的工作经验，但是他们并不会局限于经验本身。对用人单位来讲，具有工作经验固然重要，但更重要的是一个人的能力。个人能力既包括工作能力，又包括为人处世的能力。只有那些能够胜任工作又能融入团队的人才能受到青睐。

很多大学生找工作很难，就在于他们要么是眼高手低、自命清高；要么就是缺乏敬业精神和吃苦耐劳的精神；要么是因为不够成熟，无法处理好与同事之间的关系。如果你不存在这些问题，并且能够向应聘公司充分地证明你是一个能够胜任这份工作的人，那么即使你之前没有工作经验，或者没有与这份工作相关的经验，也不会成为你应聘这个职位的障碍和难题。

案 例

朱玉林是重庆某大学理论物理专业的学生，大三暑假时，通过自己的朋友联系到当地一家较有名的公司去实习，但在这家公司实习是没有薪酬的，连午饭都得自掏腰包。然而，对朱玉林来说还需面对一个更大的问题，那就是她所学的是理论物理专业，而这家公司是搞服装贸易的，两者之间可以说是相距甚远。

朱玉林到了这家公司以后，由于没有合适的岗位，公司便把她分到行政部去实习。说是实习，无非就是在行政部门打杂而已，整天除了打扫卫生、整理资料外，还要亲自去帮同事和领导买盒饭。实习了几天后，该公司另外几名来实习的学生都认为在此学不到什么东西，便先后离开了这家公司。

其他实习生的离开并没有影响朱玉林继续在该公司实习，她从不抱怨和发牢骚，也不想半途而废，仍是一如既往地做好每一件事情。朱玉林踏实认真、任劳任怨的态度，行政经理都看在了眼里。在朱玉林到公司一个月后，行政经理便安排手下的一名骨干员工亲自指导朱玉林，让她能够真正接触到该项工作的核心内容，学到不少行政管理方面的专业知识和经验。

就这样朱玉林在该公司实习满两个月后，觉得自己收获很大，希望今后有机会时可以再来实习，行政经理已了解她是个踏实肯干的人，便爽快地答应了她。在大四期间，朱玉林又先后两次来到这家公司实习过一段时间。

2009年朱玉林从学校毕业后正赶上金融危机，整个社会的就业形势都十分严峻，应届大学生找工作更是困难。更让朱玉林感到郁闷的是自己学的是理论物理专业，它本来就是一个比较冷门的专业，在这种就业形势下就更难找到工作了。朱玉林所在的班级竟然有80%的学生在毕业后很久都没能找到工作。

之后，在一次招聘会上，朱玉林看到一家公司正在招行政助理，但公司的要求是必须要有一年以上的相关工作经验。朱玉林觉得这是个机会，于是就大胆地提交了简历。在面试时，面对行政经理的提问，朱玉林侃侃而谈，结合行政工作方面的专业知识将所要面临的问题分析得清晰透彻。那位行政经理听了之后觉得很满意，认为朱玉林有能力胜任此项工作，便破例招收了她。

就这样，既不是相关专业的毕业生，又不具备工作经验的朱玉林反倒从其他竞争对手中脱颖而出，顺利找到了工作。

因此，“没有工作经验”不应该成为求职者找工作难的挡箭牌，也不应该成为自己做不好工作的托辞。如果你在毕业前确实不具备工作经验，也没必要一筹莫展，事情总会有解决办法的。

第一，如果自己没有工作经验，也要保持积极、自信的心态。也许在同有经验的人一起应聘时，你会感到压力很大，看到那些有工作经验的人谈吐自然、举止成熟大方，你会感到很自卑或者是觉得这样的竞争不公平。但是，最重要的是你应该摆正自己的心态，树立积极乐观的信念。因为对每一名职场员工来说都是从没经验做起的，没有哪个人一生下来就有工作经验，每一个人都是从零开始积累经验的，慢慢才能在激烈的竞争中脱颖而出，一定要相信自己可以找到适合自己的工作。

第二，通过描述一些相关的工作经历，向招聘者说明自己能够胜任该项工作的理由。如果你是刚毕业的学生，没有工作经验，那你也不必被那些所谓的工作经验吓倒，你应该积极向面试官证明自己具有胜任该工作岗位的能力。比如，你曾在校期间做过兼职工作、参加过实习、是做过学生干部、组织管理过学校的团体活动等。总之，在应聘时该单位需要哪方面的工作经验，你就应该积极主动地在以往的经历中，寻找出那些相关或者相似的经验。不要觉得那些经验微不足道，没什么太大的用处。你要知道能让面试官在极短的时间内对你有全面地了解，那是不现实的事情。所以，你必须要在某一个方面打动你的面试官，而那些非正式的工作经验也可以从某个侧面证明你的能力。

总之对职场上的年轻人来说，与其花太多的时间来抱怨自己“没有工作经验”，还不如寻找机会来积累“工作经验”。

专家建议

不要总是抱怨自己没有工作经验，要知道每个人都是从没经验慢慢积累起来的。与其花很多时间去抱怨，还不如多花些时间去积累经验。

在学校同样可以积累工作经验，要知道积累经验的方式和途径有很多，不一定非要找到正式工作后才能积累工作经验。

没有工作经验并不可怕，可怕的是总是以此作为“挡箭牌”，如果自己不能端正态度，总是在找借口进行逃避，那你可能会永远“没有工作经验”。

懒惰与拖延注定会使你平庸

本该今天完成的工作，
却总是要拖到明天再完成。
明知道学习对自己很重要，
却总是找出大堆的理由，说自己没时间学习。
整天想着以后该如何升职、加薪，
目前却总是在办公室里混日子。

《孟子·告子上》中有这样的记载：“虽有天下易生之物也，一日暴之，十日寒之，未有能生者也。”这句话是什么意思呢？意思为即使是最容易生长的植物，晒一天，冻十天，也不可能生长。这也是“一曝十寒”这个成语的来历。其意为无论做什么事情，如果不能坚持不懈，勤奋努力，肯定是不会取得成功的。

职场上，有的人能够在短短的数年间就飞黄腾达，而有的人则在自己的工作岗位上白白耗费了很多年的时间却毫无成绩可言。是什么原因造成了两者之间如此大的区别呢？有人会说：“那是因为每个人的智商和能力不同，能够成功的人肯定要比一般人更聪明，或者是他们的运气比较好，赶上了好时机。”事实果真如此吗？恐怕并不完全是。对于社会上的大多数人而言，他们先天的智商和能力其实相差并不大，很多人之所以平庸，不是因为先天的智商和能力的差别，而是因为其后天的懒惰与拖延造成的。

明明今天可以完成的工作，偏偏喜欢拖到明天再去做；明明公司有很多培训与学习的机会，偏偏推脱说自己没时间参加；明明自己有理想、有抱负，可是面对眼前的小事就是懒得去把它做好……诸如此类的事情对于很多职场上的人来说都有过，不是自己没有能力，也不是自己没有理想和抱负，只是缺少勤奋和坚持。于是就这样日复一日、年复一年地把时间耗费在懒惰和拖延中，消磨了自己的朝气和锐气，最终使自己归于平庸。

案 例

在宋朝金溪，有个名叫方仲永的人，家里世代以耕田为业。在方仲永五岁时，他还从未使用过书写工具。有一天，方仲永忽然哭着向家人要笔墨，他父亲感到很诧异，但还是从邻居家借来笔墨给他。没想到方仲永拿到笔墨后立即书写了四句诗，并且自己题上了名字。

方仲永所写的这首诗颇有文采，在全乡的秀才中传播开来，无不称赞有加。从此，只要有人指定物品让方仲永作诗，他都能立即完成。这件事情很快便在金溪引起了轰动，于是经常有人出钱邀请方仲永作诗，而他的父亲对此也是乐此不疲，至于让他上学的事情就一直被耽搁了。

等到方仲永十二三岁的时候，再让他作诗，他已经不能再像从前那样思如泉涌了。又过了七八年，他就完全变成了平常人，其特异之处也早已消失殆尽了。

像方仲永这样的人，天资聪慧，可以说是难得的天才，可是最后却变成了一个普普通通的平常人。其间最重要的原因就在于他只有先天的聪慧，却没能在后天的学习中及时跟进，错失了学习的最佳时机。

对于方仲永这样的天才而言，若不能及时学习，尚且还会变成平庸的人，更何况天资原本就普通的人呢？

案 例

东汉时期，有个叫陈蕃的少年，他15岁时曾单独在一间屋内读书，由于很久未经打扫，屋内又脏又乱。有一天，他父亲的一位朋友薛勤来看他，见其内室十分肮脏、秽物满地，就对陈蕃说："你怎么不把屋子好好打扫一下呢？屋子如此脏，客人来了你该怎么去招待客人呢？"陈蕃却不以为然地答道："男子汉大丈夫，想的应该是怎么样扫除天下的垃圾，怎么能够只顾打扫房屋中的垃圾这类小事呢？"于是薛勤反驳说："连一间房屋你都不愿意去打扫，将来又如何去打扫天下的垃圾呢？"

无论是对拖延的方仲永，还是对懒惰的陈番而言，他们都不可能真正在事业上有所建树。所以，拖延和懒惰可以说是一个人成功道路上最大的障碍。若一个人在职场上养成了懒惰和拖延的坏习惯后，就会在工作中失去创造力和进取心。试想，如果一个人早晨一上班就想着能够几点下班、周一刚上班就想着快到周末就可以放假的人，又怎能把工作做好呢？长期在这种心态下工作，不但自己会觉得累，而且也无法从工作中获得真正的快乐。往往精神上的空虚感要比繁重的工作更能摧毁一个人的意志。

要想真正在职场上有所发展，就必定要克服懒惰和拖延的坏习惯。那么该怎样去克服呢？

第一，要让自己发自内心地去快乐工作。一个人之所以在工作中会养成懒惰和拖延的习惯，很大程度上跟这个人对这份工作的喜欢程度有关。一个十分热爱自己工作的人干起工作来绝对不会拖拖拉拉的。反之，如果一个人只是把工作当成一种谋生的手段，那他工作起来只会觉得枯燥无味，对工作任务则是能拖就拖，便不会积极主动地去学一些新的知识、技能和解决问题的方法。所以找到自己的兴趣点，做自己真正喜欢的工作，让谋生与自我价值的实现相一致才是最理想的状态。但是在现实生活中，不是所有的人都能幸运地应聘到自己喜欢的工作。当自己无法改变环境时，不妨尝试着去适应环境。只有保持积极的心态，工作起来才会是快乐和高效率的。

第二，要学会享受工作中的成就感。每个人做工作都是要有动力的。除了获得薪酬以外，实现自我价值便成为做好工作的最大动力。当我们在工作中有了进步或是做出了成绩后，我们往往都会感到十分欣慰，因为这意味着之前的努力付出并没有白费，它是在经过努力付出后才能体会到的一种成就感和满足感。此外，如果我们在工作中获得了成就感，还可以增强自己的自信心。有了成就感和自信心，一个人做起工作来就有了动力，有了工作的动力就不会在工作中养成懒惰和拖延的坏习惯。

第三，要学会在工作中合理安排时间。很多人之所以会变得懒惰，养成拖延的坏习惯，原因在于对自己的工作缺乏一个合理的规划，不能有效地利用好时间。比如，本来计划今天应做的事，认为反正不急便拖到明天再做；遇到棘手的问题感觉无从下手时，因畏惧困难而一拖再拖。事实上，任何的拖延都不是解决问题的最佳办法。今日事今日毕、马上行动，问题才会尽快得到解决，纵容自己懒惰与拖延的坏习惯是智者不可取的，那样只会浪费自己走向成功的时间。如果在工作中遇到难以完成的任务，一时又不知如何解决，不妨学着将任务进行分解、化繁为简，并拟定任务表，首先完成那些重要的且相比之下又比较艰难的任务，这样后续的工作才能轻而易举地完成。

专家建议

懒惰和拖延会使一个人失去工作热情和积极性，长此下去，只会使你在职场上固步自封，成为一个平庸的人。

要想克服工作中懒惰和拖延的坏习惯，就必须学会以积极的心态去面对工作、学会在工作中享受乐趣、学会合理地利用时间。

为失败找借口的人难成大事

> 失败其实并不可怕，
> 可怕的是找不到失败的原因，
> 更可怕的是为失败找借口。
> 当你已经习惯了为失败找借口的时候，
> 你注定会一事无成。

失败是每个人都要面对的，但很多人在面对失败时，总是会找很多的理由来安慰自己。比如，这不是我的错。

有的人上班迟到了，会说是因为堵车造成的；有的人工作没做好，会说是老板的管理无方；有的人升不了职，会说是领导有眼无珠……。对于这样的人来说，似乎什么事情做得不好，都是由于别人的原因造成的，他们从来不去考虑自身的原因。

这样的人是很难在事业上取得成功的，因为他们不明白一个道理：决定事物发展的主要原因并不是事物的外因，而是内因在起决定性的作用。如果自己不能及时对自身的行为加以反思，找到自己的不足之处，那是难以进步的。对喜欢为失败找借口的人而言，“借口”是一个掩饰弱点、推卸责任的“良方”。很多人宁愿花时间给自己的失败找借口，也不愿花时间查找失败的原因。长期下去，只会使其在工作难以做好的同时表现得消极颓废，导致自己最终失去自信心和进取心。

案例

早在战国时期，孟子就曾经尖锐地讽刺过那些爱找借口的人。

有一次，梁惠王宴请孟子，在席间梁惠王问孟子：“我治理梁国真的是费尽心力了。河内地区遭受饥荒，我便把那里的百姓迁移到河东，或者把河东的粮食运到河内。相反河东遭了饥荒，我也会安顿好百姓调好粮食。我曾经考察过邻国的政务，没有谁能像我这样尽心尽力的。可是我的百姓却没有因此而增多，这是什么原因呢？”

孟子回答说：“大王喜爱打仗，那就请让我用打仗来作比喻吧。战鼓咚咚敲响，枪尖刀锋刚一接触，有些士兵就抛下盔甲，拖着兵器转身逃跑了。有的人距了100步才停住脚步，有的人跑了50步就停住脚步了。那些跑了50步的士兵，竟然耻笑跑了100步的士兵，这样的做法对吗？”

梁惠王说：“当然不对了！只不过他们没跑到一百步罢了，但这也是逃跑呀。”

孟子说：“大王如果懂得这个道理，那就不要希望百姓的人类比邻国多了。如果兵役、徭役不妨碍农业生产的季节，粮食便会吃不完；如果细密的渔网不用在深的池塘中去捕鱼，鱼鳖就会吃不光；如果按季节拿着斧头入山砍伐树木，木材就会用不尽。粮食和鱼鳖吃不完，木材用不尽，那么百姓就不会对生养死葬有什么遗憾了，百姓无遗憾就是王道的开端。分给百姓大的宅园去种植桑树，那么五十岁以上的人都可以穿丝绸了。若是鸡、狗、猪等家畜，百姓能够适时饲养，那么七十岁以上的老人都可以吃肉了。每家人都有耕地，官府不去妨碍他们的生产劳动，那么几口人的家庭就不会挨饿了。认真地办好学校，反复地用孝敬父母、尊敬兄长的大道理教导老百姓，那么须发花白的老人就不用自己背负或顶着重物在路上行走了。七十岁以上的人有丝绸穿、有肉吃，普通百姓饿不着、冻不着，这样还不能实行王道，是从来不曾有过的事。现在的梁国，富贵人家的猪狗吃掉了百姓的粮食，却不加以约束和制止；道路上有饿死的人，却不打开粮仓赈灾。老百姓死了，你竟然认为这不是本人的罪过，而是由于年成不好。这种观点和拿着刀子杀死人，却推脱说这不是我杀的而是兵器杀的，又有什么不同呢？大王如果不归罪到年成，那么天下的老百姓就都会投奔到梁国来了。”

在职场中，为自己找借口，把责任推到别人身上的例子数不胜数。有的人在一件事情失败以后总是认为：是你要这样做的、是他要这样做的等，似乎导致失败的原因都与自己无关。其实，无论是公司还是部门，归根结底都是一个团体。俗话说："大河涨水小河满！"，只有在团体发展的前提下，个人的发展才能够成为可能。

如果你想在职场上有更大的发展，从现在起你就不要再为自己的失败寻找借口，不要再把失败的原因全部归结为外部的原因。在遭遇失败时，要首先分析自己的问题，反思失败的根源。如果是由于自身的原因所造成的，就应该及时采取相应的办法去弥补；如果确实是由某些客观原因造成的，也不要把责任推得一干二净，要学会分担责任，同别人一起努力寻找解决问题的办法。只有这样你才能提高自己的能力，赢得周围同事的认可，今后也才能获得在工作中得到进一步发展的机会。

专家建议

面对失败，应该仔细寻找原因，但是找原因不等于找借口。找原因是为了找到真正的解决办法；找借口仅是为了寻找推卸责任的理由。

成功的人永远是在寻找解决问题的方法，失败的人永远是在寻找推卸责任的借口。当你习惯找借口的时候，那你注定会一事无成。

想混日子的人，工作永远是其沉重的负担

为什么你的工作做起来如此疲惫？
为什么你总是抱怨生活太累？
真的是你所从事的工作太累吗？
还是自己的心态没摆正？
也许你早该放弃"混日子"的想法了。

做一天和尚撞一天钟，随便混混；工作就那么回事，公司又不是

我家开的，干一天算一天吧；老板愿骂就骂吧，其他人做没做出成绩，与我无关，只要能按时发我工资和奖金就行……

这样的话你一定听到过，或者你也曾这么说过。对于很多职场人士，特别是工作过一段时间的人来说，似乎早已把一切事情都看淡了。反正最终的结果也就是那么回事，何必要去操那份心呢？自己每天睁一只眼闭一只眼，什么事情都得过且过，这样不是更轻松吗？

“混日子”真的会如此轻松吗？恐怕未必。那些在职场中混日子的人，看起来做的事情很少，操心的地方也不多，整个人似乎很清闲，精神上很放松！事实可并非如此，其实混日子的人往往会比认真工作的人更累，这究竟是什么原因呢？

第一，在工作中“混日子”的人，是无法在工作中获得丝毫乐趣的。因为再少的工作对他们而言都会是沉重的负担。多数混日子的员工往往都是坐在办公室里无所事事，他们既不能不做工作，又不能放开玩耍，上班对他们来说便是一种煎熬，每分每秒都会过得很慢。

第二，在工作中“混日子”的人，往往会对工作马马虎虎，只求把工作任务完成。抱着这样的工作态度，自然是不可能做出成绩来的。没有好的业绩自然得不到上级和同事的肯定，得不到别人的肯定自然就没有任何成就感可言。于是只能在消极沉闷的心态中，继续破罐子破摔，搞得自己工作不愉快，生活也不开心。职场上混日子的人总是把心累、郁闷、茫然这样的词汇挂在嘴边，其实这就是一种精神空虚、身体疲惫的表现，若是抱着这样的心态去工作，即便是轻松的工作给你的感觉也会是沉重的负担。

第三，“混日子”永远不可能是“长久之计”。在一段时间内“混日子”可能对你不会有太大的影响，但是你的老板和同事可都不是瞎子，时间长了早晚会被别人发现的，到时你的工作可就难保了。不但耽误了你自己的时间，而且再找工作也会变得更难了。因为如今的职场中竞争日益激烈，而你在年龄与技能上会愈来愈不具备优势，如此一来，你的工作压力将会更大。

案例

齐国的国君齐宣王爱好音乐，最喜欢听吹竽的声音，通常要求300人一起吹给他听。有一天，南郭先生听说了齐宣王的这个癖好，就跑到齐宣王那里，吹嘘自己的吹竽技艺：“我愿把我的绝技献给大王。”齐宣王听后十分高兴，未加考察便很痛快地收下了他，并把他也编进了那支吹竽的队伍中。

其实南郭先生压根儿就不会吹竽，每逢演奏的时候，南郭先生就在“吹竽”的队伍中装腔作势，为了获得那份与其他人相同的待遇而提心吊胆，幸运的是他每次都能蒙混过关。

可是好景不长，齐宣王死后，他的儿子齐湣王继承了王位。齐湣王也爱听吹竽，但是他喜欢乐师一位一位地吹给他听。南郭先生听到这个消息后急得像热锅上的蚂蚁，恐怕事情败露，便急忙收拾行李逃走了。

如今社会发展很快，今天看似十分安逸的工作或许到了明天就会充满竞争。所以切忌不要整天“混日子”，要知道混得了一时，混不了一世。若是你今天工作不努力，那么明天也许你就要努力地去找工作了。如果到了一定的年龄，你还没有一份相对稳定的工作，还要整天为找一份工作而东奔西走，那你只会被工作拖垮。

专家建议

不要觉得“混日子”轻松。要明白在工作中找到乐趣和做出成绩才能使自己在工作中真正变得轻松愉快。

“混日子”永远不是长久之计。今天你采取“混日子”的方式其实是在欺骗你自己，等到某日你混不下去的时候，再后悔恐怕就来不及了。

安于现状的人，注定终身是职场服务员

每日准时上下班，
按时完成工作任务，
节假日可舒心地与家人共度美好的时光。
长期沉浸于这样的现实状况中，
或许你该考虑下如何改变你的现状啦！

如今对于大多数职场人士而言，只要有一份稳定的工作，每月能够按时拿到一份还算不错的工资和奖金就足够了。至于什么时候升职、是否要尝试去选择新的工作、是否想过要去创业……这些似乎都是离自己很遥远的事情。

事实上这样的想法是不对的，对于职场中的每个人，特别是那些刚毕业的年轻人而言，必须要明白一个道理：安于现状，一心一意只想要将现状维持下去是不现实的，因为社会发展是你无法阻止的，固步自封只会让你最终被淘汰于社会发展的洪流中。

案 例

刘禅做了魏国的俘虏后，有一天司马昭宴请刘禅，席间故意叫人为刘禅表演蜀地的歌舞。刘禅的随从们都为亡国感到悲伤、纷纷掉泪，但是刘禅却欢乐嬉笑、无动于衷。司马昭看见这种情形就对贾充说："人的无情，竟能到这种地步，即使诸葛亮在世，也帮助不了这个昏庸的君主，何况是姜维呢！"于是便问刘禅："你思念蜀国吗？"刘禅说："这里很快乐，我不思念蜀国。"刘禅的手下郤正听了此言后便悄悄地指点他说："如果一会儿司马昭再问你时，你应哭泣着告诉他，先人的坟墓都在蜀地，我是天天都在惦念着。"这样我们才能回蜀国。酒至半酣时，司马昭再次问他时，刘禅便照着郤正教他的话回答后还闭上了眼睛，想装出十分悲痛的样子。司

马昭听后说："为何你刚才所说的话，像是郤正所说的话呢？"刘禅听了大惊，睁大眼睛望着司马昭说："你怎么会知道的呢？"只见司马昭和众人哈哈大笑起来……

一位昏庸的国君想的是如何享受现在的荣华富贵、锦衣玉食。同样的道理，一位平庸的职员也只会想着如何保住眼前的工作，享受现有的稳定感。两者的相同之处在于，都是一味地安于现状、不思进取，那样只会让自己在原地踏步。社会是不断进步发展的，你总是停留在原地不动，别人可能很快就会超过你，到时候你要再想维持现状就很难了。

一些人之所以会碌碌无为，当一辈子的"职场服务员"，从来没有升过职，最根本的原因就是因为他们安于现状、不思进取。那些只想着从事简单、清闲工作的人，是很少想要学习新的工作技能的。所以一旦遇上经济危机或公司发展不景气的时候，那些人往往就会先被裁员。鉴于此，如果我们不想被社会所淘汰，就不应该安于现状，而应该未雨绸缪，及时为自己"充电"，不断提高自己的能力。

对于职场上的年轻人而言，在刚进入职场时，一定要通过学习和实践不断地增长自身的技能与经验，千万不要当个小职员就很满足了。没有任何工作是高枕无忧的，若安于现状、没有长远的规划和发展目标，只会使你在激烈的职场竞争中沦为最底层的员工。

专家建议

职场年轻人要抱有"不安分"的心态，过早地安于现状只会让你固步自封、裹足不前，从而失去更多的发展机会。

俗话说："进攻是最好的防御。"同样的道理，懂得进取才能够在发展的前提下维持现有的生存状态，过于满足现状只会让你日后举步维艰。

加班也是一门艺术

加班仅是个人的事情吗?
什么时候该加班?
什么时候不该加班?
加班是不是越多就越好?
要明白加班也是有讲究的。

在职场上加班是每个人都会遇到的事情。而对于加班的态度，有的人觉得深恶痛绝，但是又不得不接受；有的人觉得加班可以突出自己的表现，于是就拼命加班；还有的人坚决认为不能主动去加班，对于公司所规定的强制性加班自己则会采取耗时间、磨洋工的应对措施……

究竟该怎样看待加班？该如何加班？这其中也是有很多讲究的，因为有时候加班也是一门艺术。

有些公司没有明确要求员工必须加班，对于这样的公司你应该采取小心谨慎的态度，该不该加班？什么时候加班？都是需要你认真考虑的。如果只会闷头做自己的工作，或许最终的结果会是吃力不讨好。

案 例

从前有家公司招聘了甲、乙、丙三名员工，这三名员工都被分到了同一个办公室。工作第一个月时，主管考虑到他们是新手，便交代他们每天只要完成老员工一半的工作量，便可以按时下班。

甲员工从第一天上班起，便认真地工作，每天下班之前都能把工作任务完成。所以一到下班时间，他便匆匆收拾好东西回家去了，从来不过问其他同事的工作进度。

乙员工工作也很认真，也能在下班前把工作任务完成。但是每次下班后，他却并不急着离开。只要其他人在加班，乙员工都会主动留下来，要求主管再给自己分配些工作任务，以使自己能多做多学些。

丙员工则把甲、乙两人的做法都看在了眼里，他知道如果自己不加班肯定不妥，但是又不想多做工作。于是便故意把工作时间内能完成的工作任务拖到下班以后再完成。这样他便可以天天加班，但又不用多做工作。

两个月后乙员工被该公司正式录用，而甲员工和丙员工则被淘汰了。甲员工被淘汰的理由是在工作中太过自我，没有把公司看成是一个团队，不愿积极主动地去承担责任；丙员工被淘汰的理由是，工作能力太差，以及工作效率太低。虽然他每天加班到很晚，但其工作量并不多，而且质量也一般。

因此对于加班，自己不要一味地抱怨，因为抱怨解决不了任何实质性的问题。我们应该做的是认真分析加班的原因，并试着从中找到其积极的作用。

如果加班是因为自己的工作效率低，没有有效利用好工作时间而造成的，那你就不应该有任何抱怨。你只是把工作的时间耗费了，却没有完成相应的工作任务，没有给公司创造相应的财富与价值，自然就应该利用加班时间来完成你应该完成的工作任务。而没有完成所规定的任务，没有给公司创造出应有的财富，就应该主动采用加班的方式来完成所规定的任务。

如果加班是因为公司的原因造成的，那你应该尝试着利用加班的时间，充分展示出你的能力，以赢得上级领导或者老板的认可。因为对于这种类型的加班而言，其工作内容都比较重要和紧迫，如果你能在加班时把它做好，肯定要比平时在工作中能够得到更多的认可。

加班首先是对一个人意志的考验，当你能够以轻松的心态应对加班，说明你承担责任和抗压的能力都较强。此外，在加班的过程中若能有效地解决各种难题，还可以提高你的工作技能。

专家建议

加班有时候是无法避免的，当你无法避免加班的时候，不应该仅采取抱怨的态度，要学会利用加班中积极的因素，以提高自己的工作能力。

要善于在加班的过程中实现自我价值的体现，以得到更多人的认可，而不应该在加班中采用拖延及浪费时间的方式。

把职场充电当做一项休闲活动来进行

你是否认为学习只是学生时代的事情？
你是否认为职场充电毫无意义？
如果你在职场遭遇危机，
那么你准备如何去应对呢？

俗话说："生于忧患死于安乐！"不要以为这只是危言耸听的大道理，对所有人而言，它都是非常适用的。很多大学生毕业后，往往会把自己全部的书本抛在一边，然后满怀信心地走向社会，认为从此以后再也不用读书学习了。

其实这种想法只能表现出其"鼠目寸光"。根据新浪网的调查显示：一名大学生参加工作后，他在学校所学的70%的知识，将在五年之内会被更新。这就意味着我们到了一个新的工作岗位后，绝大部分要用到的知识，都必须靠自己不断学习来获得。一味依靠在学校所学的知识，不主动地更新知识和提高自己，最终会难以应对未来职场中所遇到的种种困难和危机，最终导致被企业所淘汰。

凡是真正的成功者，往往并不取决于他们毕业于多么优秀的学校，在学校里学到了多少知识，而在于他们懂得如何在工作和生活中不断地学习新的知识，弥补自己的不足，以适应工作岗位的需求和社会的发展。

案 例

三国时期，东吴的孙权手下有个人叫吕蒙，非常勇猛善战。但是此人有勇无谋，没什么文化。于是有一天孙权就对吕蒙说："你现在担任要职，不可以不学习！"可是吕蒙听后，却以军中事务繁忙为由拒绝了孙权的建议。

孙权说："我难道是想要你成为专门研究和传授经学的学官才叫你学习的吗？你应当广泛地阅读书籍，多了解些历史知识和兵法。你认为自己军务繁忙，你难道能比我的事务还多吗？我经常读书，自认为有很大的益处。"从此之后，吕蒙听了孙权的劝告，一有时间便认真读书。

某日，鲁肃来看望吕蒙。鲁肃听了吕蒙的见解后十分惊奇地说："你如今的谋略与才干，已不再是过去的吕蒙了！"吕蒙自豪地说："离别三日当刮目相待，兄长您可不能用老眼光看人啊！"从此之后，吕蒙便成为一员文韬武略的大将，为东吴的政权立下了汗马功劳。

对于古人而言尚且需要"充电"，更何况是处于现代社会激烈竞争中的人们呢？

在对待"职场充电"的问题上，需要注意以下三个问题。

第一，一定要有自己的职业规划和目标。如果自己连明确的职业规划与目标都没有，自然也就不知道该学什么，去哪里学习了。

第二，不要仅为了获取某个证书而学习。参加职业培训的真正目的是提高自身的素质和能力，如果只是抱着混文凭的态度，自然是学不到知识和技能的。

第三，一定要有持之以恒的精神。无论是参加职业培训还是为提升自我而学习，都要切忌三天打鱼两天晒网，那样既会浪费时间，又不能学到真本事，反而会得不偿失。

要想真正提高自己，就不应该把"职场充电"看成是一种负担和无奈之举，要抱着主动和积极的心态去学习，才能真正地学到知识和技能。实际上我们可以把职场充电看做是一项休闲活动，在繁忙的工作之余，通过充电学习的方式，为自己解压和调节心态，在此过程中让自己的能力和技术都得到提高，今后在工作中才能如鱼得水，有能力去轻松应对各种职场问题。

专家建议

学习是伴随人一生的事情，不要简单地把学习看成是学生的专利，只有在工作中不断地学习，才能保证你有更好的职业发展前景。

要懂得未雨绸缪，居安思危。如今社会的发展速度越来越快，知识与技能更新的速度也越来越快，不懂得及时更新知识，只会加快被企业淘汰的速度。

要把职场学习当成愉快的事情来做，有计划、有目标地学习，才能真正提高自己的能力和水平。

Part 4

职场形象，千万不可掉以轻心

职场新人，要从“头”做起

有的职场人士头发长而乱，
有的职场人士喜欢染绚丽的发色，
有的职场人士崇尚另类发型……
职场人士的头发若是不过关，
搞不好会让你回头再来！

现代人常调侃说：“头可断，发型不可乱。”这话虽然说得有些夸张，但是从中却能反映出一个真实的现象，即一个人的发型直接关系到别人对你的第一印象。对于职场新人而言，大都是从学生的身份转型为一名职场人士，其身份的转变在某种程度上可从发型的转变中体现出来。

对于职场新人来说，有的人或许不太在意自己的发型，有的人虽然十分在意自己的发型，却不懂得如何打扮自己。这两种情况都有可能导致你在面试或者工作中给人留下不好的印象。

案例

陈红是一名大四的学生，她从大三开始就经常参加一些招聘面试，可是每次都会以失败而告终。陈红向其他同学请教自己失败的原因时，多数同学都认为可能是她学生气太重，应该换个发型，把自己打扮得成熟稳重一些。

陈红十分认同其他同学的观点，加之她还要去参加一个面试。于是便跑到一家理发店，花了好几个小时，将自己的披肩长发烫成了“大波浪”。

第二天一早，陈红充满信心地去参加面试了。可是一到那家公司陈红就傻眼了，眼前的几位应聘人员的发型均为简单的盘发，显得干净利索、十分干炼，反倒是自己的一头“大波浪”显得格外扎眼。

果然招聘主管看后第一句话就说：“我们招聘的这个职位主要是客服类的，你这发型有些太夸张了，恐怕会让客户感到你的亲和力不够，不易使人接近。”陈红一听，后悔都来不及了。

因为发型的问题而失去了一份工作，这样的失误实在是有些不值得。因此，对于职场新人来说，发型的选择也是进入职场的一门必修课程。

假如你是一名男生，那么首先要保证自己的头发干净、有型。很多男生可能对个人卫生并不十分注重，有的人头发很长时间未经修剪表现得凌乱不堪，甚至头发上满是头屑，这种情况在校园里或许并无大碍，但是在职场上可就不行了。除了要保证头发干净以外，还要注重自己的发型，耳边的鬓角一定要修齐，不然看起来会像络腮胡子一般，缺乏朝气。假如自己的头发偏长一些，为了固定发型，可适当喷洒一些定型水。

在职场人士中，除非你是搞艺术、广告殊行业的人，否则头发不宜过长。在校园里男生留长发可能是为了彰显自己潇洒的个性，但是在职场中，就不宜再留过长的头发、过厚的鬓角，否则会让人感觉你很另类，与周围的办公环境格格不入。当然，职场男士的头发也不宜过短，如果你剃个光头去上班，恐怕写字楼的保安都不敢轻易让你进门吧！

在职场上，男生的发型一定要讲究稳重，不能够剪一些怪异新奇的发型，更不适合染成绚丽的发色。如果你是年轻的职场新人，可以理一些充满朝气和活力的发型，比如短碎，这样会让人觉得你比较有朝气；如果你的年纪稍大一些，可以理一些显成熟的发型，比如平头类，让别人感觉你既阳刚又稳重。

对于职场女生来讲，一般都是十分爱美的，通常在自己的头发上会花较多的时间和精力，所以女生一般不会犯一些常识性的问题，比如头发脏、乱等。不过对于职场上的女生而言，在发型上也要着重注意一些细节问题。

职场女生的发型不仅要与个人的气质相关，更重要的是要与自身的职位相符，要符合自己的身份。如果你从事的是销售业、广告业，那么可以剪一头自然、平滑的长发，或者是一头齐耳的短发。因为这两个行业要求其职员的发型要干净利落，只有简单的发型才更能突出你的干练与较高的工作效率；如果你从事的是金融、银行等行业，你可将头发在脑后盘成一个整齐、平滑的发髻，再搭配一个精致的发饰或者直接留一头齐耳的短发，因为这样的发型能无声地传达出一种权威感，让你工作起来更有自信；如果你是医护类服务人员，你也可以将部分头发梳于脑后，打理整齐，最好不用发饰，而是采用和发色相近的发夹，这样会让人看起来你较为谦逊。此外，为与他人接触时能够保持亲切感，便于目光交流，还要注意不要让头发遮住脸和眼睛。

为了能使发型衬托出人的气质与干练，职场女生的发型还要注意与自己的脸型相匹配。如果你是高额头的女生，需留有前刘海，使头发遮住一部分前额；如果你是低额头的女生，可将头发向后梳，若喜欢刘海则必须要短，以免遮挡额头使其看起来更低；如果你是宽额头，可将刘海从两侧向中间梳理，用波浪状遮掩住过宽的额头；如果你是窄额头，头发应沿额头两边向后梳理。

虽然女生爱打扮无可厚非，但是不要没完没了地在工作时梳理自己的头发，永远不要让人觉得你把本应放在工作中的注意力全都放在了梳理自己的头发上，否则会起到不好的效果。所以，职场女生的发型应尽量简洁、庄重，既要让自己感觉漂亮，体现出迷人的一面，又要能显示出自己干练和成熟的一面。

专家建议

职场男士的发型要尽量保持有型、干净，不宜蓄太长的头发，也不能理光头，更不要留怪异的发型等。

职场女士的发型应该根据自己的具体职位、自身的气质与特点合理地打扮，要尽量保持庄重、大方，不要显得过于烦琐。否则，会让人误以为你把心思全都用在了打扮上。

职场着装大有学问

穿西服配运动鞋，
穿西服不打领带，
西服袖子比衬衫还长……
不要因着装细节影响了你的形象。

职场上有的人认为，穿着打扮是个人的爱好，想怎么穿就怎么穿，与他人无关；有的人认为现在是崇尚个性自由的时代，所以自己只有打扮得新潮时尚，才能吸引别人的眼球；还有的人喜欢不修边幅，一副邋遢样子，对别人的评价表现得无所谓……

穿着打扮的确是个人的爱好，随意就好，事实果真如此吗？我们虽然并不赞同“以貌取人”的做法，但是在职场中它确实是真实存在的。对于大多数人而言，其穿着打扮确实与工作能力并无太大的关系，但很多招聘单位，常常会通过你的外表进行判断，以此来决定是否给你面试或工作的机会。一个穿着得体的人容易赢得他人的信任和好感，而着装不得体的人则很容易给人留下不好的印象。

案 例

燕燕是某大学的毕业生，毕业后应聘到一家公司做文职工作。她以前在学校时不擅长打扮，因此上班以后她在同事面前表现得很自卑，总是觉得自己的穿着打扮要么会显得很土气，要么会显得很幼稚，总觉得自己的着装不够职业化。

为了改变自己以往的形象，能让自己跟其他女同事一样看起来既成熟又稳重，燕燕在一个周末特意去商店挑选了一身职业装。由于之前毫无经验，加之商店导购员的怂恿，最后燕燕花了很多钱买了一件低领上衣，外加一条短款的皮裙。

第二天，燕燕怀着忐忑的心情穿着这套新衣服去上班了。果然不出所料，全公司的人都把目光投向了燕燕，很多同事在上班时还要悄悄评价她的衣服。正当燕燕沉浸于自我感觉良好的状态时，却被自己的上司当头泼了一盆冷水。燕燕的上司把她叫到办公室后严厉地批评道："我们这里是办公场所，不光有公司的同事在，还要接待很多客户，你穿着这么裸露的服装在公司里走来走去，很容易让别人对公司产生不好的印象，还会影响公司的整体形象……"燕燕听后羞愧得无地自容，再也不敢穿那套衣服出门了。

因此，在职场上不要认为穿衣打扮仅是个人的事情，也不要以为随便怎么穿衣打扮都可以。如果是因为穿着的问题而导致自己的工作受到影响，实在是得不偿失的事情。那么，在职场上应该怎样着装，才能既大方又得体呢？

第一，职场着装，最重要的是与自己的职业内容相符。很多职业都有其统一的职业装，比如餐饮业的服务人员、警察、军人等。如果有专门的职业装，在上班时一定要穿规定的服装，不能随便穿自己的衣服。有些行业，比如管理、销售等通常是要求着正装的，这样的穿着看起来会更专业、可靠性更强，此类行业的员工在工作时间不适宜穿着休闲装。若是从事娱乐时尚、创意策划、广告设计等行业，在着装时则不必穿得太刻板，可以选择一些休闲或者时尚类的衣服，能使自己看起来更富有朝气和创新精神。

第二，穿着职业装除了要选对衣服之外，还要注意不能犯一些常识性的错误。对于职场上的男士而言，最容易犯的错误便会体现在穿西服的问题上。例如，在穿西服前一定要拆除商标；西服的上衣袋内不要放东西，更不要插笔；西服若是两粒纽扣的，下边的扣子一定不要扣；穿正装西服时一定要打领带；穿西服时忌讳配运动鞋和白色的袜子……对于职场上的女士而言，切忌穿太紧、太透的衣服，这样很容易引起别人的误会，更不能穿超短裙或领口过低的衣服，否则会让人感到你很轻佻、不够庄重，这是职场人士的大忌。

第三，无论是穿哪种类型的衣服，无论衣服面料如何，都一定要保证服装干净整洁，否则再好的衣服也发挥不了它应有的作用。对于刚踏入职场的新人而言，上班时最好不要穿高档的名牌服装，否则，别人会误认为你因爱惜身上的名牌服装而不努力工作。

专家建议

职场男士着装一定要在正装西服上下工夫，挑选一套合身的西服，再搭配恰当的衬衫、领带、皮鞋等配套物品，可以为你的形象加分。

职场女士着装需体现稳重、大方、得体。切忌不要穿太紧、太透和太露的衣服，此类衣服即便再漂亮，也会抹杀你自身所具有的才能。

男士应注重表，女士应注重包

你是否觉得手表没什么用处？

你是否觉得手机可以替代手表？

你是否觉得包包要越时尚越好……

小心！不要被这些错误观念所误导。

现在很多男士对戴表都不以为然，有的人觉得手表的用处不大，没必要戴；有的人则认为自己有手机可以随时掌握时间，戴不戴表已无经所谓了；还有的人甚至会认为戴表过于老气，是早已过时的表现……

其实这些想法都很片面，对职场上的男士，特别是对那些有一定经济实力的男士而言，能否佩戴一块合适的手表显得很重要。一般佩戴手表的人，往往会给人留下时间观念强、作风严谨的印象。而不戴手表的人，别人会认为他们的时间观念不强。在公共场合用手机看时间对于职场成功男士而言会显得不够稳重，缺乏品位。

案例

林志最近从公司的一名人事专员被提升为公司的总经理助理，虽说该公司的规模不大，但是想到自己这么年轻就做到了总经理助理的位置，他感到十分高兴。林志觉得自己应该就此改变一下形象，要像公司的其他管理者一样变得稳重、成熟，而又不失品味。于是林志不仅给自己重新定制了一套西服，还把自己原来的手机也换成了高档的名牌手机。

一天，公司的总经理带着林志去参加一个商务会议。由于开会的时间比较长，林志忍不住多次拿出自己的手机来看时间。本来这只是个很小的动作，不料他却在会议结束后被总经理狠批了一顿。总经理对林志说："会议期间手机应该保持关机或者静音状态，不宜经常摆弄手机。如果你需要知道时间，可以不动声色地看下自己的手表。像你这样拿着手机不停地看时间，别人会误认为我们不耐烦，这样做不但很没礼貌，还会让别人嘲笑我们没品位。"

因此，职场男士的手表不仅仅是用来看时间的工具，还是一种身份的象征。那么如何选择一款合适的手表就显得非常重要了。

第一，按照手表价格的高低，通常可以分为豪华表、高档表、中档表、低档表四类。选购时，最好根据自己的经济实力选择一款简洁实用的手表。当所选择的手表价位过高时，不但自己会有经济压力，而且与自己职场新人的形象会极为不符。如果若干年后你成为一名成功的职场男士，到那时应考虑购买上档次的表，选择高档表更能够体现出你的实力与品味。

第二，除了需考虑价格以外，选择手表的造型也很重要。虽然每个人所偏好的造型会有所不同，但是作为一名职场男士最好不要选择造型过于怪异的手表。职场人士所佩戴的手表，其造型应尽量选择稳重、成熟型的，那些造型奇特或者是十分花哨的手表，只适合年轻人在非正式场合佩戴。像圆形、椭圆形、方形的手表，其造型就会显得庄重、大方，因此适合在上班的时候佩戴。

第三，手表的颜色选择也是需要考虑的。在上班时间或者交际场所，职场男士应尽量佩戴单色的手表，而不要选择多种颜色的手表。如果手表的颜色过多，就会显得纷繁复杂，让人感觉很不成熟。一般而言，金色、黑色和银色等大都是职场男士的理想选择。佩戴这几种颜色的手表会让人显得成熟大气，并且这几种颜色的手表属于经典色不会因时间的改变而显得过时。

第四，如今市场上的许多手表，除了能看时间外，还附加了很多其他的功能。但作为职场男士，最好还是选择功能少而精的手表，重要的是要让手表真正具有实用价值。某些手表的功能看上去十分新奇，却一点也不使实用，让人觉得是些华而不实的东西，反而会让别人对表主人本身的品味产生置疑。

如果说手表是职场男士地位和品位的象征，那么皮包便是职场女士的内涵和气质的具体体现。皮包是体现一个人的身份、地位、经济状况乃至性格的标志，一个经过精心挑选的皮包具有画龙点睛的作用，它能将你打造成真正的白领女性。当然职场女士用包不能太随意，需要注意以下几点。

第一，上班用包要符合自己的职业和身份。有些职场女性非常关注时尚的流行动态，喜欢跟着流行趋势购买皮包。但有时候流行的却不见得是适合你的，如果把一些不适合上班使用的包带去上班，可能会给人以怪异的感觉。比如教师、护士、警察这类职场女士用包就不能过于前卫、鲜艳，此类的包容易与自己的职业内容相冲突。所以职场女性选包一定要根据自己的职业特点来进行选择。

第二，上班用的包要简洁、实用。职场女士上班用的包不要选择昂贵的名牌包，这类包会掩盖你本身所具有的才能，让你看起来像个花瓶，而不像是有很强工作能力的人。此外，职场女士不适合选择花纹过多且过于休闲的包，否则会显得你不够稳重，也会给别人带来不好的印象。上班用的包尽量要简单、大方，这样不但在使用中能体现出方便实用的特点，而且也能使你看上去更加干练、精明。

第三，职场女性的包切忌不要装得太满，让人看上去鼓鼓囊囊的。包也是女性的一件装饰品，职场女士的包可以大一些，但不要塞得过满。一般而言，可以放些必备的化妆品、杂志、文件夹等，但不要在包里塞满各种杂物。

第四，职场女士的包应与自己的穿着相匹配，尤其是在色彩方面，不应给人留下怪异、不协调的感觉。

专家建议

对于职场男士而言，手表是必不可少的物件，因为手表不仅仅是看时间的工具，更重要的是职场男士身份的体现，一块好的手表可衬托出职场男士的修养与品味。

职场女士用包要符合自己的身份，尽量应选择简洁、实用的皮包。职场女士不适合选择花纹太多或者过于休闲的包，那样会让你看起来像个花瓶，显得不够稳重。

面子也是靠“化”出来的

男士就不需要打扮吗？
男士就不需要保养吗？
女士化妆越浓越好吗？
女士化妆越频繁越好吗？
要想让你在职场上更有面子，
学会如何化妆很重要。

很多职场新人也许会认为：每天 8 小时的工作时间恨不得变成 10 小时来忙碌，早上起床就要赶着去上班，哪里还有时间去考虑美容化妆的事情呢？再说就算自己的脸面看上去不那么精致，难道就能否认自己的工作能力吗？

别把你的“面子”不当回事儿。要知道自己过于随便或者邋遢地去上班，不但会使你很没面子，还会给别人留下糟糕的印象，既对不起自己，又不尊重别人。化妆对职场人士来说是很有帮助的，它不但可以弥补自身外貌上的某些缺陷，而且化妆后也能增加自己的自信心。在与人交往时，自信也就会自然而然地流露出来了。同时，自信心也有利于缓解来自外界的各种压力。

另外，有很多人都认为化妆打扮只是针对职场女性而言的，男士没有必要化妆。其实这种观点早已过时了。如今很多职场男士，在面临越来越大的工作压力的同时，也开始使用化妆品，精心呵护自己的容颜，以此来增强自己在工作中的竞争优势。

案 例

李晓光是一名热爱运动的男生，在上大学时，一有时间他便会去操场打篮球。

一天早晨，李晓光接到某公司的面试电话，约他上午10:30去该公司面试。挂断电话后李晓光觉得时间还早，便去打了一会儿篮球。返回时约定的面试时间快到了，于是他匆匆地洗完脸，换了身衣服就跑去面试了。

刚进面试的办公室坐下后，李晓光就发现女面试官的表情有些怪异。原来李晓光打完篮球后身上汗味很重，虽然匆匆洗过脸，但还是显得很油腻。因这位面试官是位十分注重形象和商务礼仪的成功女性，当她一看到李晓光的样子，便对他失去了好感，于是草草问了几个问题便把李晓光打发走了。

俗话说：“人要脸，树要皮。”这句话充分说明了脸面对于一个人的重要性。无论你是男士还是女士，不要对自己的形象太不在乎，职场人士同样是需要打扮的。对于职场人士而言，首先要保证自己面容干净，不要有油腻、污垢的现象。有些职场男士虽然会经常洗脸，但若其本身属于油性皮肤，脸上仍然会出现油光，让人感觉很不舒服；有些职场男士需经常在外奔波，到了下午脸上就会有灰尘，使整个人看上去充满了倦意，灰头土脸没有任何精神；还有些职场男士的脸就如同干涸的土地一样，别人看了自然不会有好印象。男士虽然不常用化妆品，但可以使用一些清爽控油类的保湿护肤品加以保养。

对职场女士而言，妆容要清爽一些，给人留下干练、整洁的印象即可，切忌化浓妆，工作场合化浓妆会让人觉得你有些粗俗。

某些职场人士的工作时间较长，工作也比较辛苦。有时职场女性早上化好的妆容，可能到了下午就会出现脱妆现象，而男性可能工作至午后脸上就会泛起油光，如果面子仅能保持一上午，那是远远不够的。

因此，职场人士要随时留意自己的“面子”问题，以便于及时采取补救的措施。男士可以在办公室准备一瓶去油洗面奶，女士可随身携带一些必备的化妆品，如果出现面部油腻或是脱妆现象，就可及时进行补救。

专家建议

对职场人士而言，化妆是一门必修课，因为化妆不但能弥补某些缺陷，而且能够让人看起来更有精神，显得更有自信。

对职场人士而言，化妆前首先要做好洁面工作，要保持自己面部干净清爽，不可以太邋遢；其次要做好肌肤的保养工作，这样才能让你看起来既年轻又有朝气。

注重“足”的分量，把好鞋子这道关

天热就可以穿拖鞋上班吗？
为使行动方便就穿运动鞋上班吗？
穿皮鞋不穿袜子也可以去上班吗？
职场中人也需注重“足”的分量，
职场中穿鞋也不能太随意。

作为职场人士，脚上的那双鞋绝对不容轻视。别看鞋子的面积小，但对一个人的整体形象却能起到很大的影响。试想一下，如果一位领导人身穿名牌西服，脚上却穿着一双运动鞋，那给人带来的视觉冲击力会有多么强烈。因此，选择一双合适的鞋，能让职场人士的整体形象相得益彰。反之，如果不注重选鞋，随便穿一双鞋就去办公室上班，那么结果就可想而知了。

案 例

丽丽毕业以后应聘到一家小公司当职员，公司除办公室管理人员外，大多数是跟客户面对面进行交流的销售人员。夏季，由于天气很热，公司的女职员都穿着凉鞋来上班，丽丽穿着皮鞋上班觉得很热，于是便在办公室里穿起了皮拖鞋。

没过多久便被公司老总发现了，老总将她叫到了办公室里狠狠地批了一顿。丽丽心里觉得十分委屈，便反驳说："办公室里其他女生也有穿皮拖鞋的，又不止我一个人穿，干吗只骂我一个人。"

老总听后，便将其他穿皮拖鞋的职员一同集中起来，进行了严厉地批评。从此以后，丽丽便成了众矢之的，全公司的女生都埋怨和孤立她。

事实上办公室是一个比较严肃的地方，不是随便穿什么鞋都可以去上班的。对于职场人士而言，穿鞋首先要与自己的职业形象和工作场所相符合。通常情况下，在上班场所应穿皮鞋。除非你是从事特殊行业的，否则不要轻易把旅游鞋、运动鞋，甚至是拖鞋穿到办公室里去，这样会让你与整个办公室的工作氛围不相符。此外，男士穿皮鞋，需注意一定要穿袜子，千万不要赤脚穿皮鞋，这会被看成很没礼貌的表现。在正式场合女士也不要光腿穿鞋，应该尽量穿着贴近肉色的丝袜。

在职场上无论你是男士还是女士，无论你穿什么类型的鞋，首先应该保持鞋面干净，特别是对经常穿皮鞋出差的男士而言，稍不留意，鞋面就会布满灰尘，让人看起来十分不雅。如果上班时穿皮鞋，还需要注意经常要给皮鞋上油，经常擦拭。此外，穿鞋要勤换、勤晾，保持鞋内的干燥，以避免散发出刺鼻难闻的味道。

此外，鞋的大小一定要合适，穿着要舒适。职场人士的工作时间较长，有些职业还需要长时间的站立，因此非常需要穿着大小合适、舒适感强的鞋子。如果鞋号太小，脚部就会受到不当的压迫与束缚，时间长了会让你很难受；如果鞋号太大，走起路来会显得拖沓、无力，给人留下懒散的印象。

在职场上穿鞋还需要注意与服饰的颜色进行搭配。上班穿的鞋在颜色上要尽量显得稳重，不要穿得过于花哨。对职场男士而言，鞋子一般选择黑色较为适宜，特别是穿西服时一定要穿黑色的皮鞋；对职场女性而言，可以选中性色的皮鞋，如黑色、咖啡色、土黄色、灰色、米色等，这些颜色可以与大多数颜色的服装相匹配，能让人感觉色彩搭配较为协调。

专家建议

职场人士穿鞋不能太随意，如果穿着不合适的鞋去上班，不但会显得你个人的品味较差，而且还会让人觉得你非常没有礼貌。

职场人士所穿的鞋一定要保持鞋面干净，要尽量穿一些颜色稳重的鞋去上班，不要穿拖鞋去上班，也尽量不要把运动鞋穿到正式的工作场合中去。

让同事嗅出你的好味道

香水仅是女士的专利吗?
香水的浓度是越浓越好吗?
香水使用量是越多越好吗?
懂得正确使用香水，
才能让你时刻散发出迷人的味道。

职场人士要想给人留下良好的印象，仅靠外表还是不够的，还要懂得如何让自己散发出自然、迷人的好味道。要想留有好味道，除了要保持自身的洁净外，香水是一个不可或缺的法宝。

职场女性大多都喜欢使用香水，因为香水可以让自身散发出自然、迷人的味道，可提升自己的成熟度和自信心。曾经很多人认为香水是女性的专利，与男性无关。如今你还这样认为，那说明你有些落伍了。如今在职场上，使用香水可不再是女士的专利了。若职场男士懂得恰当地使用香水，则更能给人以自信、成功、有品位的感觉，更能为自己的形象加分。当然，如果香水使用不当，不但不会受人欢迎，而且还会给人留下粗俗、恶心的坏印象。

案 例

顾飞最近就遇到了一件让自己觉得非常不舒服的事情。一天中午，他带一位客户去自己的办公室谈事情，当客户在他办公桌旁坐下后，顾飞热情地倒了杯茶给他，只见客户拿起茶杯正要喝水时，却皱了皱眉头就放下了杯子。

“难道是茶有什么问题吗？”顾飞心里有些迷惑。这时候从他办公桌对面飘来一股刺鼻、恶心的味道，顾飞这才明白是怎么一回事儿。原来坐在他斜对面的那位男同事经常会在自己的他衣服上喷洒很多香水，此时正是午休时间，他躺在椅子上，却将脱了鞋的双脚翘在办公桌上休息。顾飞闻到这股夹杂着香水和臭脚丫的味道，自己都想吐，更何况是自己的客户呢？

这件事让顾飞觉得很尴尬，虽然他对那位男同事的做法感到有些厌恶，但是因为碍于面子，又毫无解决办法。

因此，如果职场人士不懂得正确使用香水，那么不但无法提升其个人形象，而且还会给人留下不好的印象。对于职场人士而言，想要正确使用香水，首先要了解香水的基本知识：香水根据其香精的含量可以划分为浓香型香水、淡香型香水和微香型香水。浓香型香水的香精含量约为10%～15%，其香味的持续时间在5小时以上；淡香型香水的香精含量约为5%～10%，其香味的持续时间为3～4小时左右；而微香型香水的香精含量不足5%，所以其香味的持续时间不会太久。

因此，上班族若要使用香水，还应以淡香型香水为宜，因为办公室多为封闭型的场所，味道太浓会使整个房间都弥漫着香水的味道，对于那些不喜欢香水味道的人而言，会是一种煎熬。

香水不是随便怎么喷都可以的，也要注意掌握正确的使用方法。喷香水时不要距离自己的身体太近，否则味道会太过浓烈；不要直接喷到腋下，因为腋下汗腺比较发达，汗味与香水味混合后会散发出古怪的味道；不要直接喷洒在白色的衬衫上，因为香水在其挥发后可能会留下一些痕迹……正确的使用方法是将香水喷洒在袖口、肘部、衣角等内侧，一方面可使香味若有若无，另一方面可使留香时间持久一些。如果怕弄脏衣物，也可将香水喷在小手帕或纸巾上，折叠整齐后放入上衣胸前的口袋里。

职场人士在使用香水时，还有一些禁忌是特别需要注意的。如果你是烟民或者易出汗的男士最好不要使用香水，因为这容易使香水的味道和身上的其他气味混合在一起，产生怪味。此外，男士应该使用男士香水，不要用女士香水，如果男士用女士香水，会让人觉得很怪异，让人感觉你缺乏阳刚气。

专家建议

职场男士使用香水时应尽量选用男士专用香水，一定不要选择味道太浓郁的，喷洒香水需适量、不宜过多。

职场女士使用香水时，可以根据自己的年龄、职业等特点来进行选择。但是无论使用哪种类型的香水都要适度，要避免味道太过浓郁。

Part 5

懂礼笑傲职场，无礼寸步难行

礼多，人真的不怪吗

凡事都要再三推让，
真的能显得自己很谦虚吗？
事事都显得主动热情，
必定能体现自己热心能干吗？
讲礼貌也要把握好时机。

中国自古以来就是礼仪之邦。从小到大，无论是在生活中、学习中，还是在工作中我们都会被反复灌输要懂礼、讲礼。似乎一个人越讲礼貌就能显得你越谦虚，这就是所谓的“礼多人不怪”。

从某种程度上来说，礼仪无论是对古人而言，还是对我们现代人而言，的确都是必不可少的，但是有时候我们也应该明白一个道理：讲礼貌也是需要分清对象、看准时机的。如果不结合实际情况，一味地照搬照套原有的礼仪制度，其所导致的后果可能会与我们的预期大相径庭。

案 例

春秋时期，宋襄公与楚军在泓水作战。宋军已摆好了阵势，但是楚军还没有全部渡过泓水。这时候宋襄公手下担任司马的子鱼对宋襄公说：“对方人多而我们人少，趁着他们还没有全部渡过泓水，请您下令进攻他们。”宋襄公说：“不行仁义之师不推人于险，不迫使人处于灾难的境地。”当楚国的军队已经全部渡过泓水还没有摆好阵势，子鱼又建议宋襄公下令进攻，宋襄公还是不予以接受。等楚军摆好了阵势以后，宋军才去攻打楚军，结果宋军大败。宋襄公大腿受了伤，他精锐的禁卫军也被楚军歼灭了。

战后宋国人都责备宋襄公指挥不当，但宋襄公却说："古时候的作战礼仪规定，只要敌人已经负伤就不能再去伤害他，也不能俘虏头发斑白的敌军老兵，没有摆好阵势的敌人也是不能攻击他们的。今天楚国军队没有摆好阵势，我怎么能够下令去攻击他们呢？"宋国人听后没有一个人不摇头叹气的。

宋襄公的愚昧在于他的生搬硬套，不懂得变通。春秋时期，身处天下大乱之时，各诸侯国之间的战争性质已经发生了根本性的改变，不能再去遵循之前的旧兵法，但是宋襄公却一意孤行，最终导致自己落入狼狈不堪的境地。

对于如今的职场人士而言，其道理也是同样的。有时候并不一定是"礼多人不怪"！如果你不分时机和对象，一味地跟别人客套讲礼，最终反而有可能会把别人惹怒，导致"好心没好报"的下场。

案 例

贾玉坤是一家公司老板的司机，平时贾玉坤为人热情大方，能说会道，社交能力很强。为此，该公司老板遇到应酬时，总会拉着贾玉坤一起去，一来是为了活跃酒桌上的气氛，二来他也能为自己挡酒，使得自己在客户面前不失颜面。

有一天公司来了一位大客户，他是一名"海归"人员，之前长期在国外生活，如今在国内的一家大企业担任技术主管。为了显示公司对这位客户的重视，公司老板特意预订了一家高档餐厅宴请他。

就餐时，贾玉坤依照老板的指示，频频向这位客户敬酒，但是这位客户却不习惯国内的这种劝酒方式，便以不会喝酒为由进行推脱。贾玉坤以为是自己的礼数不周而怠慢了客户，更怕让老板丢面子，所以就想尽办法讨好这位客户，以挽回颜面。

等到菜上齐以后，贾玉坤便殷勤地为这位客户介绍起各种菜肴的特点，并且频繁地为其夹菜。这位客户原本就很反感这种就餐方式，但是碍于面子，只好硬着头皮把贾玉坤所夹的菜都吃了。

贾玉坤一看这招还挺灵，于是更加殷勤起来。等到海鲜上桌之后，他便立即要把最大最好的那块整个夹给客户，不料该客户连忙推辞。原来这位客户平日里最不爱吃海鲜，如今看到贾玉坤为其夹了这么大一块海鲜，都不知该怎么办了？客户不停地推辞，贾玉坤却误以为他仅是出于礼貌而为之，于是又一块接一块不停地给他夹海鲜，最后居然夹了满满一大碗。

这位客户满肚子的怨气，但又碍于面子不便挑明，所以他就以有急事为由，匆忙离开了。留下贾玉坤和老板两人坐在那里面面相觑，不知道是什么原因导致客户离席。

之所以会导致这样的结果，就是因为不懂得礼仪，不了解人与人之间的文化差异而造成的。在中国传统的习俗中，给别人敬酒和夹菜看似是件很有礼貌的事情，通常是为了显示对客人的尊敬才会这样做，但是这样的传统对于已习惯国外生活方式的人而言却是很不恰当的。随着社会的发展，人们越来越重视卫生，“夹菜”的习俗已经在很多地方逐步被淡化，甚至被取消了。不懂得区分对象，盲目地“讲礼”，最终的结果却是让人感觉非常没有礼貌。

人们常说的“礼多人不怪”，这个“礼”是要建立在使用恰当的基础上的，在职场上“讲礼”也是要针对具体的交往对象而言的。对职场人士来说，首先应该掌握一些基本的礼仪常识，因为我们在职场上每天都会与人打交道，由于交往对象不同，所需具备的礼仪知识也会有所不同。为了能给别人留下好印象，自己就需要多学习和掌握一些基本的礼仪知识，这样才能避免在社交中由于自己的无知而生产尴尬的局面。

职场礼仪虽然仅是一种表现形式，但是在实际的运用中，施礼应该发自内心，而不能仅停留在形式上，因为礼仪也能反映出你个人的修养，如果礼仪仅是流于形式，只会让别人觉得你不够真诚，甚至会认为你很虚伪。

当然要想在职场上成为一名真正懂礼貌的人，还要学会灵活地运用礼仪。生活在各民族、各地区的人，因为其文化及生活习惯不同，礼仪也会有所不同，要懂得合理变通，生搬硬套只会闹出笑话，甚至会引起别人的反感。

专家建议

“礼”多不一定人就不怪，讲礼也要分清时机和场合，不懂得变通只会让结果南辕北辙。

职场人士都必须了解一些基本的礼仪知识，并要了解各地区、各行业的习惯。只有真正能够做到入乡随俗、灵活变通的人，才是真正懂“礼”的人。

讲“礼”也要搞清楚顺序问题

打电话该谁先挂机呢？
握手时该谁先伸手呢？
介绍别人时如何排列顺序……
看似十分简单的问题如果你没有重视，
会让你觉得自己很没有礼貌。

职场中某些人在与领导通话时，往往心里会比较紧张，领导刚讲完话，自己赶紧就把电话挂断了；有些人一遇见领导，便急忙上前与其握手，生怕自己慢一步会显得没礼貌；有些人在聚餐时，没等领导开口讲话，自己就拿起酒杯向领导敬酒了……

这些情形在我们身边经常能见到，或许我们自身也会这么做。多数情况下，我们心里只想着如何表现自己的热情，往往会忽略讲礼貌的顺序问题。如果讲礼貌时不注重顺序问题，不但会显得你很没礼貌，而且还会引起别人的不快和猜疑。

案例

在欧美国家，长方形餐桌的上、下方分别为男女主人的座次，男主宾一般安排在女主人的右边，女主宾的座次则在男主人的右边，其他客人的座位安排是男女相间。在电影《傲慢与偏见》中，有这样一个情节，凯瑟琳夫人就餐前对柯林斯先生说："柯林斯先生，你不能坐在你妻子的旁边，到那边去坐吧！"由此可见在餐桌礼仪中，仅仅是座次顺序都十分有讲究。

欧美人的用餐习惯是用餐盘就餐，桌面只能存在一道菜，撤去前一道菜盘才能上第二道菜盘。餐具的使用顺序也要根据就餐情况从外到里依次使用。在许多欧美国家的电影里，常会描述出身于平民阶层的女主角因疏忽餐桌礼仪而闹出的许多笑话。

如果你之前不了解礼仪中与次序相关的问题，不必过于担心，你只要站在当事人的立场上想一想，就能明白其中的奥秘。

职场人士必须牢记的原则：晚辈要尊重长辈，下属要尊重上级，男性要尊重女性。不管你是身处办公室，还是处于职场上的各种社交场合，牢记以上原则，是非常重要的。

就打电话而言，通常是被尊重的人如老板、长者或是女性同事可以先挂电话；握手也是同样的道理，通常要等领导、长者或女士先伸出手后自己再伸手，不要让人感觉你热情过度，一见面就主动去和别人握手。

此外，在职场中的各种应酬饭局上，有的人菜一上桌，便端着酒杯敬这个人、敬那个人，好像自己慢一步就会失了礼。其实这种做法恰恰就是最失礼的表现。要知道在饭局中敬酒时，需等老板、上级领导以及资历较长的员工敬完酒之后才能轮到自己敬，千万不要"喧宾夺主"，抢了别人的风头。

总之，职场上的礼仪顺序问题是非常重要的，应遵循"尊者优先"的原则，只要我们能够把握好这条基本原则，就不会觉得礼仪中的顺序问题太过复杂，更不会在讲礼的顺序上出现纰漏，这样自然就能让我们在职场交往中变得游刃有余了。

专家建议

“讲礼”重要，礼术的顺序问题也很重要；如果搞不清先后顺序，胡乱跟人“讲礼”，那会显得你不懂规矩，非常没有礼貌。

下属要尊重上级领导，晚辈要尊重长辈，男性要尊重女性，这是职场中所应遵循的基本礼仪顺序问题，每个人都应该牢记在心。

职场招呼打不好，良好的工作氛围会难保

比自己小的人就称“小 ×”，
比自己大的人就称“老 ×”，
上级领导与你“称兄道弟”，
你是否真的就能跟他兄弟相称？
看似简单的称呼，其间蕴含大学问。

“打招呼还不容易？”很多人可能在被问到如何打招呼时都会这样问。在职场上天天都要与人打招呼，但是有很多职场人士，特别是职场新人却都会为这个看似简单的问题而烦恼。

对职场上的很多人，特别是职场新人而言，在打招呼的问题上都遇见过这样或那样的困难。如果处理得当，不但可以拉近与同事和上级领导的关系，而且还可以给别人留下好印象，为自己的事业发展营造一个良好的氛围。相反，如果处理不当，不但会产生尴尬的局面，而且还有可能让人对你心存不满，从而产生芥蒂。

案 例

古时候有这样一个典故，有个年轻人骑马赶路，眼看天色已接近黄昏，可是前不着村后不着店，心里很是着急。正好有个老汉路过此地，只听那年轻人大喊：“老头儿，这儿离客店还有多远啊？”

老汉回答："不远啦。"年轻人跑了很长一段路都没有见到客店的影子，他在心中暗骂老汉的同时突然省悟过来，老汉一定是在责怪他不讲礼貌！于是马上掉头往回赶，见到老汉后翻身下马，叫了一声："老大爷……"没等他把话说完，老汉就说："客店早已过了，你要是不嫌弃就到我家住一宿吧。"

打招呼时的称呼是人们在交往中开始建立良好人际关系的一张通行证。在日常生活中，人们会对别人如何称呼自己非常敏感也非常在意，你的上司和同事自然也不例外。亲切恰当、合乎礼节的称呼不仅表达了你对他人的人格、身份及地位的尊重，同时也能反映出你自身的修养。

对于现在的职场人士来讲，打招呼同样是一门学问。如果你是刚毕业的大学生，对公司里面清楚职位的人可直接称呼其的"姓+头衔"，对于不清楚其职位的人，可以一律称为"姓+老师"。这一方面能够符合自己刚毕业的学生身份，另一方面也能表明自己谦虚的态度。当然，在彼此熟悉了之后，对那些同自己年龄差不多的同事可以直呼其名，对长者可以称为××哥、××姐。

在与对方打招呼的过程中要尽量显示出自己对其的尊敬。有的公司人际关系比较融洽，同事之间、上下级之间彼此"称兄道弟"的现象较为普遍。如果自己是新人，无论对方如何称呼你，你都不可以向其他人那样随意地与其打招呼，还是要谨慎礼貌些较好。

专家建议

"打招呼"不仅是个礼貌问题，职场招呼打不好，不但会给人留下不好的印象，而且还有可能影响你自身的工作。

要想在职场中打好招呼，就应该平时多观察、多学习，对不同的人、不同的场合都要把握好对其的称谓。

记性再不好，名字要记牢

有些人刚跟你说完名字，
但是你一转身就忘了。
有些人看着面熟，
就是想不起名字……
当这些情况出现的时候，
你有没有想过记住姓名的重要性呢？

很多刚入职场的新人往往都会有记不住周围同事名字的情况。有的人在同事刚告诉他自己的名字后，一转身他就忘记了；有的同事经常要与他们打交道，但是自己却总是想不起来他们的名字；还有的人，甚至会把同事的名字搞混淆，张冠李戴胡乱地称呼他们……

出现这样的情况，必定不是什么好现象。也许你会认为记不住别人的名字并不算什么大事，但是你要知道作为职场上的一员，你每天都需要与人打交道，如果你能准确地记住别人的名字，那是对别人的尊敬，同事也会对你产生好感，甚至会十分信任你。

案 例

张中华是一家品牌饮料公司的业务员，每天都需要自己骑着车去推销公司的产品，例如到各个超市去拉订单。刚到这家公司的时候，张中华的销售业绩很差，因为张中华并不是个十分善于交际的人，所以获得的订单总是很少。

后来，张中华慢慢发现了一个小窍门，即对自己造访过的每一位客户的名字都记得清清楚楚，这样无论是别人打电话来订货还是自己上门拉订单，都能第一时间把对方的名字叫出来。这样一来，在无形中便拉近与客户的距离，有些客户本来并不想订货的，但与他交往久了，有时会碍于面子预订几箱饮料。

张中华正是靠着这个窍门，与越来越多的客户成为好朋友，从而使自己获得的订单数量也越来越多……

虽然从表面上来看，能不能记住一个人的名字似乎是无关紧要的事情，但是能记住别人的名字，可能会给你带来意想不到的效果。

对职场人士来讲，记住他人的名字首先是对他人的尊重。名字是一个的标志，很多人之所以记不住别人的名字，就是因为自己根本没有把对方放在心上，根本没有用心去记。如果你真能把对方当成自己的朋友来看待，那么你对他的重视程度就会提高，注意力也会更加集中，他的名字自然也就会记得更牢。

我们在职场上交往的人很多，时间久了难免会发生遗忘的现象。比如大学时的同学，可能在自己工作几年之后，有些人我们就只能记得相貌，而叫不出名字了。对一起相处了几年的同学我们尚且会忘记他们的名字，更何况在职场中遇到的人呢？所以我们要经常翻阅一下自己的电话本、通讯录，时常要将与我们打过交道的人保持联系，同时加深对他们的印象，记住他们的名字。

如果你无法在脑海中记住所有人的名字，不妨用笔记录下别人的名字。因为即使你记性很好，也用心去记了，还是有可能会有忘记别人名字的时候，所以当我们在与别人初次交往时，尽量要把对方的名片留下；如果对方没有，自己可以把他的基本信息记录在本子上，这样就不容易忘记了。

记住一个人的名字，然后在交往中能自然地叫出来，这是一种最简单却是最有效获得对方好感的方法。因此，对于职场上的年轻人来说，不妨用心地去记住别人的名字，以使自己获得良好的人际关系。

专家建议

名字是一个人的标志，记住一个人的名字是对别人的尊重，它能够为你带来好的人缘和获得好的评价。

想要记住别人的名字，就要对别人有足够的重视。除此之外，还要注意花时间、下工夫，经常翻阅一下别人的名片或者所记录的信息，能够加深对他们的印象。

办公桌是你的第二张脸

办公桌上灰尘密布，
办公桌上杂乱不堪，
办公桌上摆放了一堆的私人用品……
这些看似无关紧要的事情，
有时会影响别人对你的看法。

俗话说："人要脸，树要皮。"脸面对于我们每个人来说无疑都是很重要的。很多人在每天上班之前会花大量的时间把自己精心打扮一番，这样做既是为了给别人留下好印象，又是为了让自己能够更加自信。但是职场中很多人只注重自身的脸面，却忘记了另外的那张脸——自己的办公桌。

虽然每个人的办公桌形状、大小不同，可是每个人的办公桌面却是千差万别的。有些人的办公桌十天半个月都懒得擦一次，办公桌上灰尘密布；有的人办公桌上凌乱不堪，书籍、资料胡乱地堆在一起；还有的人其办公桌就像自家的茶几一样，零食、化妆品、生活照全都摆在了桌上……

这些做法或许你认为无关紧要，对自己并不会有什么太大的影响。但是多数企业的管理者都喜欢从某个细节、某些小事来观察自己的员工。如果不注意类似的细节问题，你的印象分可就要大打折扣了。

案 例

隋文帝杨坚在立太子的问题上始终犹豫不决。有一天他打算和独孤皇后一起去他儿子晋王宫里做客。杨广听到这个消息后，就下令把自己宫里的美女都藏匿起来，只留下一些年老的和丑的仆人穿着没绣花的衣服在左右服侍，还将所有的床帐改用素色绸缎，并把挂在墙上的乐器的弦都去掉，还故意让桌上摆放的乐器积满灰尘……

隋文帝和独孤皇后来到晋王宫中，看到这样的情景后非常满意。他们认为晋王杨广不喜爱声色犬马，是个正直可靠之人，于是就下定决心要立杨广为太子。其实这一切都是假象，杨广其实是一个好色暴虐之徒，其后来的所作所为也在历史上留下了千古骂名。

虽然这是一个反面事例，但是它却能真实地反映出，某些时候我们在一些细微之处的表现可能会影响到别人对我们的整体看法。所以在职场生涯中，千万不能不把办公桌的形象不当回事，因为办公室桌能直接反映出你个人的性格特点，甚至职业习惯。如果你的办公桌非常的凌乱，不但会给周围的同事留下非常糟糕的印象，而且还会影响你的工作效率，所以保持办公桌的干净整洁是很重要的事情。

办公桌除了要经常保持干净整洁外，还要注意不要把太多与工作无关的物品摆上去，因为办公桌是工作的地方，而不是私人的橱柜。无论是个人的化妆品、镜子、相片，还是零食等，都尽量不要摆在办公桌上，因为摆放那些与工作无关的物品，会分散你在工作中的注意力，容易让人怀疑你的工作态度是否认真。

办公桌面其实只要整齐干净就好，当然你也可以在办公桌上摆上一盆小巧的绿色植物，这样在疲劳时，还可以看看绿色植物以休息一下眼睛，调节下自己的工作情绪，以提高工作效率。

总的来说，简单、整洁、偶尔带点绿色点缀，这就是你办公桌应该追求的效果，这会让你看起来成熟、干练，而又不失朝气和创造力。

专家建议

办公桌面的形象不仅反映了你个人的生活习惯，更重要的是反映了你个人的性格和职业习惯，因此马虎不得。

要重视办公桌面的形象，除了要保持干净整洁以外，还要注意不要把个人物品摆放在办公桌上。因为办公桌毕竟是你工作的地方，不是你生活的地方。

电梯间，职场人的头号尴尬场所

在电梯里遇见不熟悉的同事，
不知道该不该打招呼，
遇见上级领导，
不知道该说些什么话……
事实上有些尴尬的局面是可以避免的。

电梯里通常是一个狭小、密闭的场所。在狭小的电梯里面，人与人之间的距离很近，特别是当有很多人一起乘电梯的时候，可能会出现挤作一团的现象。在这种情况下，电梯往往就会变成一个比较敏感的地方，因为任何小细节在此都有可能会被放大。正是由于这种原因，使得电梯间变成了一个很容易出现尴尬局面的场所。

对于职场人士，特别是刚入职场的新人而言，电梯间的尴尬局面更容易经常遇见。因为刚到新单位上班，对大多数同事和领导都不太熟悉，而天天上下班又不可避免地会在电梯里相遇。自己是新人，在电梯里遇见其他人，理应主动打招呼、找话题聊天，才能显得自己有礼貌，可是该说什么话？怎么说？往往又会让很多人困扰不已！有的人为了避免这种尴尬的局面发生，会强迫自己说一些话，结果却因为说话方式或谈话内容不当，反而给自己惹来了许多的麻烦。

案 例

王杰是一名性格开朗的男生，他在一家网站做编辑工作。由于王杰所在的公司在十二楼，此楼仅有一部电梯可供使用，所以每次上下班的时候，电梯内都会显得比较拥挤，因此时常会出现一些尴尬的局面。

一天下班时，王杰和另外一名男同事走得较晚，此时公司只剩下了他们两人和一名女领导。当他们三人进入电梯以后，气氛就变得有点沉闷，为了打破这种沉闷的气氛，王杰问这名男同事下班后通常做些什么。“我吃完晚饭就玩游戏，通常玩DOTA。”男同事答道。“现在网上都说寂寞的男人打DOTA，寂寞的女人穿丝袜！”王杰一边开玩笑一边说，说完还咯咯地笑个不停。

可是随后王杰发现那名女领导不但没有笑，反而铁青着脸，狠狠地瞪了他一眼。等到走出电梯王杰才发现，原来那位女领导正巧穿着丝袜，刚才她必定是认为自己在讽刺她！搞得王杰已是百口莫辩了。

因此，电梯里是一个非常敏感的地方，稍不留神可能就会导致尴尬的局面发生。要想避免在电梯里发生尴尬的局面，首先要了解和遵循一些乘电梯的基本礼仪常识。比如在电梯里不要和同事谈论别人的隐私或者随便开玩笑，可能你无意识中所开的玩笑就会让他人误以为你是故意在取笑他。再比如，进电梯后应尽量靠边站立，不要傻乎乎地站在中间，这可能会让要下电梯的人感到十分不便。此外，在电梯内应尽量不要碰到别人，特别是天气热的时候，要尽量与其他人保持一定的距离，否则别人会误会你有什么不良的企图……

很多人之所以会在电梯里感到尴尬，除了其自身不懂礼仪所造成的以外，还有一个更重要的原因是怕自己在电梯中的言行举止不当会给同事及单位领导留下不好的印象。其实这样的担忧是没有必要的，因为乘电梯的时间是非常短暂的，在短时间内除非你有特别出格的言行举止，否则是很难给别人留下什么印象的。所以要尽量保持自然、放松的状态，太过紧张和担心反而可能会使你语无伦次，做出尴尬的举动。

总之，要想避免在电梯里产生尴尬的局面，需遵循两条最基本的原则：第一，需懂得和遵守乘电梯基本的礼仪；第二，保持平常的心态，做到有礼有节即可。

专家建议

要想避免电梯内产生的尴尬局面，就要懂得乘电梯时基本的礼仪常识。懂得电梯里的基本礼仪，能留给别人好印象。

学会在电梯里坦然面对陌生人，过多地担忧是没有必要的，只要顺其自然，保持应有的礼貌和学会尊重他人即可。

握手期间，风云突变

握手时应该谁先出手？
握手时应该握多久？
握手时应该用多大的力气？
握手时眼睛应该看哪里？
这些问题你都仔细考虑过吗？

握手之礼起源于中世纪的欧洲，当时的骑士们在社会生活中扮演着重要的角色，他们是军队中的主力军，是专门负责打仗的职业军人。骑士们往往是头顶钢盔，身披铠甲，腰挂利剑，就连双手也会罩上甲胄。如果骑士需要主动向你示好，就会脱去头盔和手上的甲胄与你握手，表示自己的手中没有拿着武器，没有想要与你为敌的意思。所以握手在当时是十分的正式、庄重的事情，能够表现出一种友好的态度。

如今，握手已经变成了一种很普遍的社交礼仪。握手成为一种基本礼节，怎样才能把手握好呢？也许很多人会认为这很简单，只要把手往前一伸，抓住对方的手，上下摇两下，不就行了。握手真的如此简单吗？恐怕未必，看似简单的握手过程其实也包含了很多的学问。

握手时，首先要分清所交往的对象，一般情况下在别人伸出手后我们不应该拒绝，即便要拒绝也要事先说明理由。如果别人主动向你伸出手，而你却以十分冷漠的方式拒绝的话，不但会引起不快，而且还会给自己带来很多负面的影响。

案例

白冰是一家公司的办公职员，由于她本人比较清高，再加之有点洁癖，所以在公司里给人的感觉总是冷冰冰的，不易与他人接近。

一天早上白冰刚到公司后，就有一位中年男子闯了进来。“你们老板在不？我是他的一位朋友，我有急事要找他！”那名男子一进门便迫不及待地说。“找我们老板吗？他现在不在，有什么事情跟我说吧，我是这里的主管。”看着眼前这位其貌不扬、衣着朴实的男子，白冰一面回答一面用怀疑的眼光上下打量着他。“哦，你好！我叫李海峰，是你们老板生意上的朋友，今天有点儿事情要找他，事先没有与他预约，麻烦你引荐一下吧！”那名男子说完，热情地将手伸了出来。“那你就先等会儿吧，老板一会儿就来！”白冰冷冷地回答着，对那名男子非常不屑，所以连手都懒得伸出去，只是随便指了指身边的沙发，便将他支开了。

老板到公司后，知道这件事情大为光火，随便找了个理由就把白冰给辞退了。原来这名叫李海峰的男子真的是老板的生意伙伴，而且该公司的业务在很大程度上都要靠他的这位朋友来帮忙。但是作为公司职员的白冰对他不但不热情，而且连礼节性的握手都不愿意，致使李海峰觉得十分没面子，虽然公司老板再三给他道歉，但是仍给他留下了很不好的印象。

因此，在职场上不要觉得握手可有可无，或者是觉得随便怎么握都无所谓。握手从表面上看是一件很小的事情，但却是对两个人之间关系的最直接的写照。要想握好手，其中的学问可大着呢。

在职场上无论你是不是左撇子，一定要用右手与他人握手；如果你之前戴着手套，应该把手套脱下来，再和对方握手，不可戴着手套与对方握手；如果你当时正忙，或者觉得自己的手不干净，可以向对方说明情况，不应勉强与其握手。这些既是最基本的常识，又是最重要的握手礼节。

除此之外，在握手的过程中，我们还应表现出自己的真诚与热情。通常情况下，与人握手时要用适当的力量，不能有气无力地握手，那样做会显得你很没有诚意；在与他人握手时，通常应面带笑容，眼睛要注视着对方的眼睛；如果对方先向你伸出手，那么自己不应无缘无故地拒绝与他人握手，这样的做法会让对方很没面子。

最后，握手还要注意讲究先后次序。一般来讲，握手时年长的要先向年轻的人伸手、女性要先向男性伸手、上级应先向下级伸手。如果自己不懂得伸手的次序，胡乱地去和别人握手，也是没有礼貌的表现。

专家建议

握手体现的是对人的友好和尊重，所以不可以在握手的时候敷衍了事，这样容易让别人对你产生误解。

要握好手还必须了解基本的握手礼仪，只有了解与掌握了握手的基本常识后，你才能从容地与人交往，而不必担心会失礼。

名片，如何接发最恰当

与客户见面是不是应该发名片？
收到名片该不该立刻收起？
名片该收在什么地方？
接收名片该说什么话？
这些细节问题你关注过吗？

名片，能够表明一个人的身份信息。名片并不是现代社会所特有的，中国古人也有名片，比如谒、刺、等。只不过当时的“名片”多用于在官场上的沟通，民间很少能见到而已。

在现代职场中，各种各样的名片可谓是层出不穷。但是，无论是什么样的名片，其实都是为了告诉对方自己的姓名、职务以及联络方式。作为一种重要的书面介绍材料，名片对一个人的社交所起的作用确实很重要。如果不留意接发名片时的礼节，往往会让自己吃哑巴亏。

案 例

黄小贝是一名大四的女生，临近毕业时，她跟大多数的同学一样为了找工作而四处奔波。在周末的一天，黄小贝去参加一场大型的招聘会。

等黄小贝到了招聘会场时，会场早已经是人山人海了。黄小贝在参展企业展位前转来转去，简历投了不少，企业资料及名片也索取了不少，但是黄小贝根本顾不上细看那些名片及资料，便将它们一股脑儿地塞进了自己的手提包。

后来黄小贝找到了一家比较中意的单位，虽然这家企业的展台前面排了很长的应聘队伍，但是黄小贝还是很耐心地排队等候着。

当终于轮到黄小贝时，黄小贝便急忙把简历递了过去，并迫不及待地问起有关公司的情况和工作的待遇问题。此时该企业的主管看完了她的简历后，从抽屉里拿出了一张名片，双手递了过来。黄小贝当时一心只想听他回答自己所关心的问题，随手接过名片，看也没看就将它塞进了包里。

没想到那位企业主管说："我们今天上午在现场招聘的人员比较多，没有充足的时间为你详细解答疑问了，如果你有意向请下午到我们公司进行面试。"

"哦……那好吧！"黄小贝一边回答，一边转身准备离开。

"对了，能否告诉我你们公司的联系电话？" 黄小贝突然想起还不知道对方的联系方式，因此急忙转过身来向他询问。

"刚才我给你的名片上有我们的联系方式！"那位主管稍显不悦地回答道。

"哦，我没注意看，不好意思！"黄小贝连忙去查找那张名片。但是更尴尬的是等自己把包里的一堆名片及资料翻遍后，仍然搞不清楚哪一张名片才是刚才那位主管给自己的。

"是这张名片吗？"黄小贝硬着头皮拿出其中的一张名片问道。

“你觉得是就是吧！”那位主管拉着脸回答着，随后看也不看她便转身去回答其他人的问题了。

此后，黄小贝只好尴尬地离开了招聘会，自然下午的面试她也就不好意思再去参加了。

因此，名片接发虽然看起来只是小事，但是却不能马虎。如果我们不对其加以重视，就有可能“因小失大”，不但会表现得很没礼貌，还有可能会给自己造成更大的损失。

作为职场人士，首先要把名片存放在适当的地方。名片可以说是一个人的形象和脸面的象征，因此不要随便把名片到处乱放。自己的名片要整齐地放在名片夹或者名片盒中，必要的时候还应该在包里随身携带一个名片夹或者名片盒，不应把名片直接放进衣服的口袋里，这样很容易弄皱名片，发放发皱的名片对人是很不尊重的。对于他人的名片要单独放在一个名片盒中，不要随便乱扔，也不要把自己的名片、他人的名片或其他杂物混在一起，这样很容易搞混，以至于在交换名片时出现错误。

在职场交往中，如果自己需要递交名片给他人，首先要站起来，走到对方的面前，用双手捏住名片的下方，将名片的正面朝向对方，然后再递交过去。在递交名片的过程中，尽量要表现出庄重，不能用两根手指夹着名片然后随意递给对方。同时，在递交名片的过程中，自己应该面带微笑，在口头上还应有所表示，比如说：“我是某某，这是我的名片，请多关照！”

如果是别人向你递名片，你也同样要有礼貌地接收。不能随便抓过来，看也不看就将名片放进自己的口袋里或者是随手放到一边，这样的做法表示你对对方不屑一顾，或者根本没有诚意去结识对方。正确的做法是如果对方站立着，自己也要站立起来，用双手接过名片，在接过名片之后，要仔细看一下名片上的内容，然后再作出口头表述，比如“李总，很高兴认识你！”“王经理，久仰大名。”或“刘老板，百闻不如一见！”等等。

专家建议

名片不仅能够确定一个人的身份信息，更能代表一个人的脸面。因此在职场交往中，对接发名片要引起足够的重视，要尽量显得有礼貌。

发名片时要起立，并用双手递交名片，以显得正式和郑重；接收名片时也要用双手接收，并且要仔细看下名片上的内容，以显示出自己对对方的重视和尊敬。

别拿办公室当餐厅

早餐没时间吃，
拿到办公室去吃。
中午不想步行去吃饭，
叫外卖送到办公室里吃……
这些看似平常的做法真的正确吗？

早晨为了能准时赶到公司，便在路上买好早餐拿到办公室里再吃；中午不想下楼去吃午饭，便叫来外卖在计算机旁边吃边娱乐；上班时若饿了则拿出些零食，啃上几口后再继续工作……

这些事情你是不是都做过？甚至是已经习以为常了呢？如果你觉得这些都是无关痛痒的小事，那你可就错了。永远要记得办公室不是餐厅，那是工作的地方！你在办公室里吃东西不但会影响周围同事的工作，而且对你自身的健康也是没有任何好处的。

案 例

陈立刚是一家软件开发公司的员工，因为工作比较紧张，所以公司规定中午只有1小时的时间用于吃饭和午休。陈立刚所在的办公室在18层，每天上下楼时乘电梯的人较多，所以一到中午，他就会叫一份外卖，在办公室里吃午饭，这样时间长了，便养成了午餐在办公室里吃的习惯。

一天中午，陈立刚又像往常一样叫了外卖，因为天天吃盒饭都吃腻了，所以那天他特意叫了一大碗热气腾腾的麻辣烫。当麻辣烫送来后，陈立刚便迫不及待地在办公室里吃了起来。由于刚送来的麻辣烫是又辣又烫，加之汤水很多，不一会儿他的办公桌上便被弄得到处都是污渍。

此时陈立刚恰巧看见公司老板推门进了办公室。由于最近大家的工作比较忙，公司老板抽午休的时间过来看望大家，顺便也是想了解下该部门的工作情况。陈立刚知道老板平时最爱干净整洁，十分注重公司形象，他平时强调得最多的就是要保持办公室的干净整洁，要维护好公司的整体形象。

要是让他看见自己吃饭的这幅狼狈样，肯定是少不了要挨一顿批了。陈立刚边想边慌忙地收拾起桌面，快速将那碗麻辣烫往桌下的机箱上一放。但是因为过于紧张，加之自己的眼睛正盯着老板看，没注意到机箱上早已堆放了东西，当盛满麻辣烫的碗放在高低不平的机箱上时，只听见“哗”的一声，一碗麻辣烫连汤带菜全部翻倒在地上。瞬间，该计算机的主机上、办公桌下面的柜子上、地板上甚至他的鞋上全都被麻辣烫的汤水和菜弄脏了，这下不仅陈立刚傻眼了，整个办公室的员工和老板都被眼前的场景惊呆了……

结果自然可想而知，陈立刚不但把自己的办公区域搞得狼狈不堪、让其颜面尽失，而且还给老板留下了非常不好的印象。

由此看来，办公室是工作的地方，不是吃饭的餐厅，不要随便在办公室里吃东西，这样做不但会影响个人形象，而且对你自身的健康也是不利的。有一份调查报告显示：虽然一般的办公桌看起来并不脏，但是实际上办公桌面聚集着大量的细菌。办公桌面的细菌通常会比洗手间的细菌多400倍以上，在这种环境下吃饭，很容易感染病毒进而引发疾病。

因此，无论你有多么忙，尽量要抽出时间到餐厅去就餐。这样做既可以保持办公室的整洁，又可以让自己暂时离开办公室到户外去活动一下身体，以便更好地调节自己的心情。

专家建议

在办公室里吃饭，不但会影响公司的形象，而且还会影响周围的同事工作与休息，破坏办公室的卫生环境。

在办公室里吃饭对个人健康也是很不利的，看似干净的办公桌面，其细菌数量远远会超过我们的想象，在这种环境中用餐，只会危害我们自身的健康。

别让你的形象毁在餐桌上

吃饭时嘴里“叭叭”作响，
喝汤时嗓子里“咕噜”作响，
喝酒不能量力而行，
吃完饭时会当众“剔牙”……
如果你吃饭时有以上习惯，
那你应该给予足够的重视了。

中国人有句谚语叫民以食为天。一向把“吃”看得很重要的中国人，每天见面时最常说的问候语就是“你吃了没有”。正是由于这种对“吃”的重视态度，引发了各种与“吃”有关的文化及礼仪方面的知识。

如今在职场中，与应酬密切相关的就属餐桌了。无论是公司聚餐，还是招待客户，只要是有事情要聚在一起，“吃喝”总是免不了的事情。“吃喝”的机会多了，由此而产生的问题也就多了。当今社会，早已不是“大块吃肉、大碗喝酒”的时代了，注重餐桌上的礼仪规则，是我们每个职场人士应该学会的。如果只顾自己，不顾他人，那么在餐桌上你就有可能毁掉自己良好的形象。

案例

刘宝田是一名学市场营销专业的大学生，毕业以后被招聘到一家礼品公司的市场营销部做销售工作。刘宝田头脑机灵，做事又比较积极能干，虽然来这家礼品公司时间不长，但是他在工作中的出色表现，已经让营销部的经理对他产生了好感，有什么重要的任务都会让他一起参与，并准备将他当做本部门未来的骨干人才进行培养。

正巧这一年的国庆节快到了，每年国庆节前夕，会有很多单位或个人到这家公司来订购礼品，对公司而言此时正是销售的黄金时期。有一天，一位外地客户来到该公司，他是代表一家外地的大公司前来采购节日礼品的。如果这笔生意谈成了，那对礼品公司来说将会有一笔很大的销售收入，因此营销部经理亲自出面来接待这位客户。

由于双方在产品的选购中存在着某些分歧，所以这笔订单迟迟未能签约。晚饭时，销售部经理叫上刘宝田和另外两名本部门的员工，一起去陪这位客户吃饭，准备在餐桌上拿下这笔订单。

就餐时，刘宝田知道今天是个难得的表现机会，于是不等经理示意，自己就主动频频地向那位客户敬酒。刘宝田本以为这样做，能够使客户高兴，订单的事情便可水到渠成了。可是没想到几杯酒下肚以后，那名客户是镇定自若、谈笑风生，而自己早已是满脸通红、晕晕乎乎的了。刘宝田觉得很没面子，于是便不顾自己的酒量，硬着头皮继续跟那位客户喝酒。

终于刘宝田因不胜酒力喝醉了，其行为也开始失控了。他不但在酒桌上对那位客户大呼小叫，甚至还把经理私底下跟他说的关于那位客户的意见也一并都抖了出来。销售部经理和客户听后，一个是满脸通红，一个是满脸铁青……

最终的结果可想而知，不但这笔生意没谈成，反而导致销售部经理和其他员工都对刘宝田那晚的表现非常不满。后来，销售部经理不得不放弃了对刘宝田的重用。

因为餐桌上一次小小的失误不但使自己的颜面尽失，而且把工作的前程给耽误了，这种情况实在是不应该发生的。所以，不要以为餐桌上只是吃饭、喝酒这么简单，其实里面也是有很多学问需要我们去了解的。如果不想自己在餐桌上犯错误，就应该主动掌握以下基本的进餐礼仪知识。

第一，就餐时动作要文雅。饭局中在主人宣布正式开始前，自己不要先动筷；在夹菜的时候每次要少一些，不要起身去夹菜，也不要不停地转动餐桌；吃饭或者喝汤不要发出声音，这是粗鲁、没有教养的表现；吃龙虾、鱼、排骨等食物时，不要随便将虾壳、鱼刺及骨头吐在桌子上，更不要将其吐在地上，应该将其放在专门的碟子内。

第二，喝酒要注重礼仪。如果要敬同一个人酒时，要等到领导敬完之后自己再敬；和领导碰杯时自己的杯子一定要低于领导的杯口，不管领导喝多少，自己要“先干为尽”；如果自己不是领导，不要拿着酒杯一人敬多人；千万不要醉酒，因为醉酒不但会失态，而且很容易把不该说的话都说了。

第三，就餐时要与周围的人互动。饭局不光是为填饱肚子，更重要的是为联络感情，拉近彼此间的距离。因此就餐时不要只顾自己埋头猛吃，要适时地抽空和周围的人聊上几句，以调节整个饭局的气氛；如果有重要的客人在，要经常向客人敬酒或者向客人推荐好的菜肴，不要让客人觉得受到了冷落。

第四，饭局上要注重细节和礼貌。在吃饭时最好不要打喷嚏，如果实在忍不住时，要转过身去用纸巾捂住鼻子；如果出现了打嗝的情况，或发出了肠鸣声等不由自主的声音时，要对周围的人说声“对不起”；在吃饭的过程中或者吃完饭后，应尽量不要剔牙，这是十分不雅观的动作，实在需要剔牙时，也应用手或者纸巾捂住自己的嘴。

总之，中国乃礼仪之邦，餐桌上的规矩和礼仪是纷繁复杂的。虽然我们不可能做到十全十美，但是我们应该尽量多地了解和学习，避免犯错误，这样就可以保持自身良好的形象，让我们能在职场上与他人交往时变得更加自信，也更加有礼貌。

专家建议

对于隆重的宴会或者社交性质的饭局，应当十分注重就餐时的行为举止，否则有可能会让你“失礼”，导致十分没面子。

职场上吃饭的规矩很多，要尽可能地多了解和学习，尽量不要犯一些吃饭、喝酒时的大忌，否则不仅会毁坏你的形象，更有可能会毁掉你的前程。

Part 6

拒绝默默无闻，能干还要会说

那些不该说的话你都说了吗

老板的计划，
你会不会随意揣测？
上级领导请你提意见，
你是否真的该畅所欲言？
同事间的秘密，
你该不该四处宣扬？

俗话说："祸从口出！"一个人话说多了，难免会出错，甚至可能还会因此惹上更大的麻烦。在职场上也是一样的，如果你在老板和领导还未正式表明自己的态度前，就故作聪明地揣摩其意图，并在背地里或众人面前大肆宣扬，那样的结果只会使自己"聪明反被聪明误"，导致得不偿失的后果。

案 例

据《三国演义》中记载，曹操出兵汉中去进攻刘备，不料却被困于斜谷界口。想要进兵，又被马超拒守，不能前进；想收兵回朝，又怕被别人耻笑。正当曹操犹豫不决的时候，厨师端鸡汤来献，曹操看见碗中有鸡肋，不禁长叹了一声。这时候夏侯进来问曹操夜间巡逻口号用什么？曹操随口答道："鸡肋！鸡肋！"

行军主簿杨修，见传"鸡肋"二字，便叫随军将士收拾行装，准备归程。众将士都很吃惊地问其缘故，杨修得意地说："以今夜号令，便知魏王不日将退兵归也。鸡肋者，食之无肉，弃之可惜。今进不能胜，退恐人笑，在此无益，不如早归，来日魏王必班师矣。故先收拾行装，免得临行慌乱。"

众人听了都无不佩服称是，于是都赶紧收拾行装，准备归程。谁知曹操听闻此事后勃然大怒，以惑乱军心之罪将杨修斩首示众。

杨修被杀，此次事件可以说是一个直接的导火索，更何况此前他就曾经三番五次地做过这样的事。比如有一次曹操命人造一座花园，花园造好以后，曹操带着百官去参观。曹操在里面看了一遍，出来的时候什么话都没有说，只是在门上写了一个“活”字，然后就走了。

百官面面相觑，不明白它是什么意思。于是杨修解释说：“门内添活字，乃是阔！曹丞相是嫌花园的门造得太宽大了”。于是便下令重新造门，造好之后再请曹操去参观。曹操见门变窄了很高兴，便问是谁领会了自己的意思，众人都说是杨修。曹操听了表面上虽称赞不已，但心里却很不舒服。

后来，塞北外有人给曹操送来一盒酥，曹操接过酥，在上面写了“一合酥”三个字，便把它放在旁边桌子上。

正巧杨修进门看见了这盒酥，便不由分说地拿起勺子与众人把那盒酥给分吃了。曹操问杨修为什么这样做？杨修说：“这盒子上不是写着一人一口酥吗？我们怎么敢违背丞相的意思呢！”曹操听了，虽然表面上笑了笑，心里却更加厌恶他了。

曹操平时总是担心有人谋害自己，于是经常对周围的人说：“我在梦中喜欢杀人，要是我睡着了，你们都不要靠近我。”

有一天他在床上睡觉，但是被子掉在了床下，一名侍者赶紧过去准备把被子重新给曹操盖上，哪知道曹操突然起身拔出剑把那名侍者给杀死了，然后又若无其事地回到床上继续睡觉。过了一会儿曹操起床，假装大惊道：“是谁杀了我的侍者？”众人把事情的经过告诉曹操，曹操于是痛哭流涕，还下令厚葬那名侍者。

此后所有人都认为曹操在梦中真的会杀人，在给那名侍者下葬时，只有杨修指着该侍者的尸体不以为然地说：“不是丞相在梦中，是你在梦中！”不料这话传到了曹操的耳中，他听后心中更是越发厌恶杨修了。

这样的事情还有很多，本来杨修是个非常聪明和有才华的一个人，但是他恃才傲物，不懂得约束自己的言行，不但什么事情都喜欢自作聪明地加以揣测，而且还总是管不住自己的那张嘴，什么事情都愿意说出来到处宣扬一番，以示自己才智过人。因此，最终落得个身首异处的下场，全是他咎由自取的结果。

像曹操这样的英雄人物，是非常爱才又有肚量的人，即便如此他尚且都不能忍受杨修的随意揣测和判断，更何况普通人呢？

如果说职场中的老板都像曹操一样，那我们可要小心，千万别成为职场中的“杨修”。有时候揣测一下老板的意图，事先做好准备工作，是能够讨老板欢心的；但是凡事均要有度，切忌不要做过了头，要知道任何老板都不会喜欢自己的心思和意图完全被下属看穿，如果其下属的智商超过了老板，老板便会失去神秘感和尊严，自然也就不会对其下属有任何好感了。

俗话说：“慎于言而勤于行！”就是指我们平常做事时要很勤奋，但是话却不能讲得太多。因为你的话说多了就容易把该说的和不该说的话全都说出来，也许你本人是无意的，但是说者无心，听者有意，别人听了可能就会产生不同的看法甚至有可能会产生误解，甚至有时会导致你跳进黄河也洗不清！因此，在职场上一定要管好自己的嘴巴，多察言观色，少高谈阔论。

专家建议

对老板和上级领导的心思要有所了解，但切忌不能够胡乱揣测，更不能到处乱说，以显得自己能干。那样做只是耍小聪明，结果往往会令你得不偿失！

在职场上，做事情要积极，要多学会观察，但是说话时要谨慎，要尽量避免给自己造成负面的影响。

谨记“祸从口出”，千万不要把该说的和不该说的话一股脑儿都说出来，那样做只会给自己增添不必要的麻烦。

风水轮流转，得理可别不饶人

有同事向领导打自己的小报告，
要不要与他当面对质并据理力争呢？
有同事在背后说自己的坏话，
要不要与他撕破脸皮并大吵大闹呢？
关系不好的同事被上级处罚后，
要不要落井下石并幸灾乐祸呢？

俗话说："职场如战场。"的确，如今在这个高速发展的社会中，职场的竞争压力越来越大，而人与人之间的感情似乎也会因为压力的增大而变得更加敏感和脆弱。

同在一个单位或同处一间办公室，有的人当着你的面，会对你笑脸相迎，似乎关系很亲密，可是一转身却是横挑鼻子竖挑眼，四处宣扬你的缺点和不是；有的人自己工作能力不强，便嫉妒别人的业绩，总是在老板面前打别人的小报告，给别人加上"莫须有"的罪名；还有的人总是见风使舵，见人说人话，见鬼说鬼话！若今天你是老板身边的红人，马上会跟你称兄道弟套近乎；若明天要是你被老板冷落了，他立马会翻脸如翻书一般快，还会落井下石，巴不得把你打入十八层地狱……

殊不知，这样的做法是十分愚昧的，每个人都是有缺点和会犯错误的。当你的同事犯错误时，又或者处在事业的低谷时，无论此前他与你的关系如何，此时你最好不要在一旁冷嘲热讽，或者落井下石。要知道风水总是会轮流转的，今天你对别人十分苛刻，得理不饶人，明天别人反过来也会那样对待你。如果你能够真正胸怀宽广一些，凡事能够做到"得饶人处且饶人"，甚至能够在别人有困难的时候不计前嫌地帮助他，也许他从此以后就会对你消除偏见，甚至还有可能会报答于你。

案例

秦朝时，秦穆公曾经得到一匹骏马，他非常喜欢那匹马。有一天秦穆公骑着那匹马出了皇宫，但是没想到一不小心自己把马给弄丢了。秦穆公当时非常着急，于是他便亲自出去找马，找了很久以后他看见有人已经把自己的马杀掉了，并且正围在一起吃马肉。

穆公当时非常悲痛，气愤地对那些杀马的人说："这是我的马。"那些杀马的人知道闯下了大祸，都非常惊恐地站起身来，大气不敢出一口。过了一会儿，不料秦穆公冷静地说："我听说吃骏马的肉，但不喝酒的人会死，你们光吃骏马的肉不喝酒怎么行呢？"说完便叫人给他们送来了很多好酒……

三年后晋国攻打秦穆公，把秦穆公围困住了。以前那些杀穆公的马的人都说："以前我们杀死了穆公的骏马，还吃了它的肉，本来是死罪的，可是穆公不但没有惩罚我们，反而给我们好酒喝，现在是该我们报答穆公的时候了。"于是那些人就联合起来，召集了他们所有的家族成员与晋国军队展开了殊死搏斗，最终他们击溃了包围秦穆公的军队，解救了秦穆公，并帮助秦穆公打败了晋国，活捉了晋惠公。

人非圣贤，孰能无过。无论是古代的帝王将相，还是如今的普通人，都不可避免地会犯下一些错误。当别人犯错误的时候，我们需要做的事并不一定是非要据理力争，而是应该把心放宽一些，不必事事都计较得失，那样很多问题才容易被化解。要知道，只有那些真正胸怀宽广的人才能够在职场中有更长远的发展。

专家建议

得饶人处且饶人，不要因为自己是对的，就对别人的错误横加指责。要知道自己也有犯错误的时候，今天你怎样对待别人，或许别人明天就会怎样对待你！

山不转水转，做事情要留有余地，不要别人得意的时候就去巴结，失意的时候就把他一脚踢开，这种做法是目光短浅和为人所不齿的。

酒不能斟满，话不能说绝。话说得太绝，只会使人面子上难堪，从而心生忌恨，耿耿于怀。

职场开玩笑讲究张弛有度

为什么你时常开玩笑，
却似乎并不受人欢迎？
是你开玩笑的方式不妥吗？
还是你开玩笑的时机不对呢？
该怎样把握开玩笑的度呢？

工作压力大，同事之间有时候会相互开开玩笑，同样的玩笑话，有的人一说大家就都笑了，而有的人一说，大家却都傻眼了！

老板向下属征求意见，有的人叽里咕噜地说了一大堆，老板却一个字也没有采纳；有的人只是半开玩笑地说了几句，老板却很快采纳了他的建议并加以实施。

究竟是什么原因造成了两者之间如此大的差别呢？仅仅是因为大家语言表达能力不同所造成的吗？恐怕不完全是，更重要的原因在于如何巧妙地把握开玩笑的时机和度。

案 例

秦始皇在位的时候，曾计划把自己狩猎场的苑囿扩大，东到函谷关，西到雍县、陈仓。当时他手下有一名叫优旃的人说："好啊！多养些凶禽猛兽在里面，敌人若从东面来侵犯，让麋鹿用犄角去抵挡他们就足以应付了。"听他这么一说，秦始皇反而废止了这个计划。直到秦二世即位，又想用漆涂饰城墙时，优旃纳言说："城墙漆得滑溜溜的，敌人来袭也就爬不上去了。"秦二世一听就笑了，便放弃了涂饰城墙的打算。

秦始皇和秦二世都是中国历史上十分专制和残暴的人，可是一位小小的官吏却敢和他们父子开玩笑，并且还能让他们心甘情愿地接受自己的建议。这其中最根本的原因就在于他开玩笑能够把握时机、找准对象，能够做到张弛有度。如果正面去劝秦始皇和秦二世改变劳民伤财的初衷，可能他们父子二人根本就不会听取他的建议，甚至还有可能会迁怒于他，但是运用一个巧妙的玩笑，不但能够让其明白道理，而且能够保全作为帝王的威望和面子，自然优旃提出的建议就容易被他们父子二人所采纳了。

玩笑开得巧妙，既能体现自己的智慧，又能搞好人际关系。但是如果玩笑开得不好，那可是会惹出大麻烦的。

案 例

康成和马超是同一家公司的职员，两人是同一年进的公司，又在同一间办公室工作，所以两人关系比较好。康成长得高大、帅气，再加上性格活泼、开朗，在办公室里很受大家的欢迎。而马超则恰恰相反，不但身材较矮、长相难看，而且性格也较自卑、内向，不擅长交际。

一天中午，办公室里的人都在休息。这时康成走到马超的背后，想看看他做什么。当康成发现马超正在用手机看他和女朋友的相片时，康成把手机从他背后一把夺过来，并像发现了新大陆一样故意大声喊："大家快来看马超的女朋友，长得好漂亮！"，说完便把手机递给了大家传阅。

同事们看后纷纷称赞马超的女朋友长得好看，这时候康成开玩笑说："哎！真是一朵鲜花插在牛粪上，潘金莲遇上武大郎了！马超你咋这么走运呢？"说完还一直喋喋不休地重复着。马超生平最恨人家说他长得矮，现在康成不仅当着众人的面说他是武大郎，还说他女朋友是潘金莲，这让马超非常生气。马超一把夺回手机，并一把将康成推倒在地。这一推把康成给惹火了，于是两人便在办公室里扭打起来……

因此，一个好的玩笑可能会让你在职场中的人际关系变得如鱼得水、游刃有余，但是如果玩笑开得不恰当，那也可能会引发矛盾和冲突。

在职场中，开玩笑有时候是不可避免的，但是开玩笑也需要注意度的把握。比如，永远不要拿上级领导来开玩笑。虽然很多上级领导表面上看起来都很平易近人，乐于与下属打成一片。但是作为下属心里一定要明白，上级领导永远是上级领导，如果自己目无尊卑、得意忘形地乱开玩笑，那指不定哪天就会得罪了自己的上级领导。当然，更不能在公开场合和上级领导开玩笑，那样只会让上级领导觉得有损其威严，其后果则是你有可能会“吃不了兜着走”。

开玩笑是为了缓解工作压力和紧张的气氛，促进人与人之间的沟通，但是不要轻易拿别人的弱点和身体的缺陷开玩笑，因为这很容易变成取笑他人，不但不能促进彼此间的交流，反而会引发激烈的冲突和矛盾。比如有的人有口吃或者发音不准的毛病，有的人就喜欢在他面前学他说话；有的人身高比较矮，有的人就会经常拿他与身材较高的人进行比较……这样的做法其实是十分不可取的，因为对那些有某些缺陷或者不足的人来说，他们的内心会比常人更加敏感和自卑，你开玩笑时也许并没有什么恶意，但是在他们看来可能就是对其尖锐的讽刺。

在职场上开玩笑，应该尽量显示出自己的幽默和智慧，既可以调节紧张的工作气氛，又能拉近同事之间、特别是异性同事之间的距离。但是，如果你讲的笑话庸俗不堪，甚至是一些荤段子和黄色笑话，那只会降低你自身的品味，也会让同事认为你道德品质有问题。

最后，开玩笑要顺其自然。有些人天生乐观外向，平时喜欢开玩笑；有些人则比较老实内向，本身也不太会开玩笑。不同性格的人应该根据自己的性格特点寻找与同事相处的方法，千万不要为了表现友好勉强自己变得幽默。若是为了拉近与同事之间的距离或者想表现出自己的幽默感，强迫自己生硬地去开玩笑，那么结果不但会导致该玩笑不好笑，反而会让自己的笑话变成冷笑话，导致不良的效果。

专家建议

开玩笑要分清对象，什么人可以开玩笑，什么人不可以开玩笑，自己心里一定要有数，切不可以胡乱与他人开玩笑。

开玩笑要分清时机和场合，有些玩笑可以公开讲，有些玩笑只能私下讲，搞错了时机和场合，玩笑就会成为“笑话”了。

开玩笑要把握好度，再熟悉的人，再要好的朋友，开玩笑时也要注意分寸，超过了可以让人接受的度，“玩笑”很可能会变成“取笑”他人。

真诚的话更要委婉地说

老板要求大家开诚布公地提意见，
难道真的就可以畅所欲言了吗？
同事或朋友的缺点，
该不该当面指出？
是不是只要我们真诚相待，
即可直言不讳呢？

在职场上，老板或者主管领导，经常会在开会时请员工积极地提出自己的意见和建议，该怎么办？既然老板和领导都表现得如此谦虚，那还有什么好犹豫的呢？直言不讳地把意见和建议一股脑地提出来吧！

这样的做法真的可取吗？恐怕未必。虽说良药苦口利于病，忠言逆耳利于行。在工作中每个人都有自己的缺点，但是当别人指出自己的缺点时，却不是每个人都能坦然接受的。人人都希望听赞美和表扬的话，没有人打心底里喜欢听别人批评的话。即便很多人心中都明白正确的批评对他们是有好处的。但事实是如果批评和提意见的方式不够妥当，人们同样是不愿意接受的，甚至还会对提出意见或建议的人心生怨恨。

案例

一代英主唐太宗李世明，以虚怀若谷，长于纳谏而被后世喻为千古一帝。唐太宗在世时经常下诏鼓励属下及臣民多向朝廷和自己提意见，而在这些大臣中，就有一位非常敢于犯颜直谏的人物，他叫魏征。魏征就曾经多次向唐太宗犯颜直谏。

一天唐太宗退朝后回到后宫，一向十分具有气量和胸怀的他居然怒气冲冲地大骂道："一定要杀了魏征这个老顽固，才能一泄我心头之恨！"。这时他身旁的长孙皇后，赶紧询问是谁惹怒了陛下。唐太宗说："魏征这个人经常当着众人的面直言不讳地给我提意见，毫不给我留情面，今天他又当着众人的面阻止我去打猎！"长孙皇后听完没说什么话就下去了。

吃饭的时候，长孙皇后换了一身朝服来见唐太宗，唐太宗看后很惊讶，因为朝服只有在公开的隆重场合才会穿，皇后怎么会在吃饭的时候穿朝服呢？长孙皇后说："我是来祝贺陛下的，因为我常听说如果君主很开明的话，那么他的臣子就会很正直。现在魏征敢在众人面前直接向陛下提意见，那还不是因为陛下您的开明，这乃是朝廷之福，黎民之福，我怎能不来向您道贺呢？"。唐太宗听了这才转怒为喜，从此以后更加虚心听取别人的意见了。

像唐太宗李世明这样历史上少有的开明君主，在面对别人的批评时，还会忍不住发脾气，甚至会产生报复的念头，更何况是平凡人呢？在职场上我们只有向长孙皇后一样，将真诚的话用更委婉的方式说出来，别人才可能会听得进去我们的意见，也才会更加信任我们。

在职场中，有些老板表面上请你提意见，其实只不过是摆出谦虚与开明的姿态而已。如果你把握不好分寸，不懂得采取灵活的方式直言进谏，那就等于是自寻死路。当然，还是有真正开明和善于听取员工意见的老板的，但是在向此类老板谏言时，我们也要注意说话的方式和技巧，不要因为自己的意见正确就可直言不讳，只有把真诚的话说得更含蓄、委婉，才能让别人更容易接受。

专家建议

提意见时要分清对象，向老板或上级领导提意见要格外小心，不能因为你提出的建议和意见而有损了他们的面子。

提意见时要找准时机、选对场合，有些问题即便是真实存在的也不能在公开场合拿出来讲，对暂时没有好办法解决的问题不要轻易提出来。

提意见时要注意方式和方法，不要以为是真诚的、是对的意见就可以毫无顾忌地直接提出来，要知道有时候运用委婉的表达方式更能起到好的效果。

说“不”的艺术

朋友私下求你办事，
若答应，公司规定是不允许的；
若不答应，会驳了朋友的面子。
同事三天两头约你一起出去吃饭，
是该去还是不该去？

当你手中掌握有一定的权力时，身边的朋友或者熟悉的人会开始托你利用职务之便办各种事情，这种情况会随着你自身的发展越来越多，而往往类似的事情大多都会比较棘手，怎么办呢？答应，肯定会违反公司的管理规定；不答应，大家朋友一场，朋友会说你寡情，太不讲义气。

下班后公司的同事总会相邀一起去聚餐，当约你同去时，你是该去还是不该去呢？去吧，今天着实有些累，想早些回家；不去吧，同事会认为你清高，不尽如人意。

于是很多人便不由地感叹：“职场生存太累了！”究其原因在于

需要疲于应对职场上的各种人和事！

其实，面对各种职场难题，当我们确实无法办到时，就应该学会说“不”。因为你要知道，做人做事都是要有底线的。当别人的要求超过了自己所能承受的底线时，自己若仍旧一味地妥协与退让，只会使自己陷入进退两难的境地。这时候其实应该坚决地说“不”。当然，为了保全同事的面子或者为了不伤害同事的自尊心，我们在说“不”的时候也要讲究技巧和方法。

案 例

大文学家苏轼曾经在京城做官，有一天一名远道而来的四川老乡前来拜访他，这位老乡带了很多礼物，想请苏轼或者他的弟弟苏辙帮忙为其谋个一官半职。自己的老乡大老远地跑来求自己，苏轼自然不好直接拒绝，于是他就给他的老乡讲了个故事：“从前有个很贫穷的人，自己穷得没办法了，就跑去盗伯夷的墓。结果伯夷在墓里告诉这个人说自己是在首阳山上饿死的，所以自己的墓里除了一把枯骨，什么东西都没有。”于是那个盗墓人说：“既然如此，那我就去盗叔齐的墓吧。”伯夷听后对他说：“连我都是如此，我弟弟叔齐就更不要说能帮上你什么忙了！”

伯夷和叔齐都是商末高杰之士，他们曾经都是因为拒绝食周粟而活活被饿死在首阳山上的，要想从他们的坟墓里面挖出什么宝贝来，那岂不是找错了地方吗？所以苏轼给其老乡讲这个故事的弦外之音是，我知道你有苦衷，但是我和我弟弟都是正直廉洁之人，我们确实都不能徇私枉法，以达到帮助你的目的！这位同乡听后不好再说什么话，只能拿着礼物回去了。

可见，只要像苏轼一样婉转地说出“不”字，事情未必会按照违背自己意愿的方向发展。巧妙地说“不”时最重要的一点就是：既要让别人明确知道你拒绝的态度，又不能让别人面子上觉得难堪。态度不明确，会让人产生误解；拒绝时不懂技巧，会让人觉得驳了其面子，从而对你心生怨恨。只要能够把握好说“不”的技巧，即可轻松解决问题。

专家建议

做人做事一定要有原则，违背了原则你就应该明确地说“不”，模棱两可的态度只会让你面临的处境更尴尬。

说“不”的时候，应尽量委婉地拒绝，这样既能坚持自己的立场，又能为对方保全面子。

说“不”的时候，要把握好时机选对场合，尽量不要在公开场所或者当着其他人的面拒绝别人的请求。

借助幽默的力量，化解自己的窘境

不小心当众出丑，
你心中会不会懊恼不已呢？
同事不小心触及你的“雷区”，
你会不会当众翻脸呢?
如何化解自己尴尬的处境，
是回避，还是选择用幽默的方式进行化解呢?

如果你是公司的老板或者领导，当你手下的员工不小心揭开你的伤疤或者触及你的短处时，你或许会觉得自己的尊严受到了莫大的挑战，于是你可能会大发雷霆地把员工训斥一番，以试图挽回自己的颜面。

如果你是名普通的职员，当你身边的同事不小心触碰及你的“雷区”时，你肯定会觉得十分尴尬与难堪，或许会不惜撕破脸皮跟同事大吵大闹一番，然后断绝与其的往来……

无论你是老板，还是一名普通的员工，在职场上都难免会遭遇一些尴尬的事情。当我们每个人遇到这些令人尴尬的局面时应该怎么办呢？多数情况下，我们要么选择充耳不闻，找个机会赶紧逃离；要么选择翻脸不认人，试图以极端的手段来挽回自己的尊严……其实，采取以上的方式所起到的作用都是十分有限的。有时候我们如果能够巧妙地借助一点幽默的力量，很多尴尬的局面反倒会在瞬间得到化解。

案 例

美国总统林肯不但是一名非常有才华的人，而且也是一位十分幽默的人。有一次林肯到一所大学进行演讲时，台下的同学传给他一张纸条，上面只写了两个字——笨蛋。林肯看了看纸条，并没有生气，而是笑着说："本人在担任总统期间收到过许多匿名信，全都是只有正文不见署名的那种，但是这封信却恰恰相反，写信的这位同学只把他的名字署上了，却忘记了写信的内容。"于是在场的同学瞬间哄堂大笑，一个尴尬的局面就被林肯如此轻易地化解了。

案 例

德国曾有一名将军患有谢顶症，当他的头发掉得差不多时，整个头顶露出了光秃秃的一片。一天晚上，军队里举行盛大的宴会，在宴会上每个人都玩得很开心，此时一名年轻的士兵却不慎将酒泼洒到了这位将军的头上。全场顿时鸦雀无声，那名年轻的士兵吓傻了，呆呆地站着不知所措。过了一会儿，那位将军笑着拍了拍该士兵的肩膀说："年轻人，你认为这种治疗方法对我的头发会有作用对吗？"。将军话音刚落，全场顿时爆发出了笑声，那名年轻士兵心中紧绷的弦随即便松弛下来了，整个宴会也因此恢复了之前那种轻松愉快的气氛。

无论是总统还是将军，当他们面临尴尬处境的时候，当他们自己的自尊和威严受到挑战的时候，他们都没有选择回避，更没有选择以自己的地位和权势去压制别人，而是借助幽默的力量，轻松地化解了自己尴尬的处境，同时还使自己受到了别人的尊重和爱戴。对于职场中的普通人来说其实也是一样的，在职场中遇到这样或那样的尴尬局面都是在所难免的。如果我们也能够像他们两人一样借助幽默的力量化解自身所处的窘境，相信必定能够起到良好的效果。

怎样才能化解职场上所遇到的尴尬局面呢？最重要的就是要拥有宽容、豁达的心态。一个人的心态决定一个人的处事态度。如果我们能够拥有宽广的胸怀，那么我们就不会斤斤计较，也不会因为出现尴尬局面而去生气动怒。除此之外，我们还应当学会随机应变，善于巧妙地利用各种手段来缓解尴尬的气氛，例如，可以运用开玩笑及自嘲的方式转移他人的视线等。

专家建议

身处窘境时不要回避，更不要以极端的方式去解决，那样做只会令你的尴尬局面进一步扩大。

幽默虽是一种生活的态度，但它能体现出一个人的气量和风度，以幽默的方式化解尴尬的处境，能起到事半功倍的效果。

会倾听的人更加受欢迎

能说会道、侃侃而谈，
是不是就能让人觉得你很有本事？
鞍前马后、嘘寒问暖，
是不是就会让人对你心存感激？
在职场交往中你懂得倾听吗？

在没进入职场之前，我们也许会被反复地灌输这样一种观念：到了一个新的单位，一定要能说会道，一定要善于在老板和领导面前表现自己，不然你做得再多，只要领导没看见就等于在白费力气。

这样的教导显然是有一定道理的，一个人拥有好的口才和表现能力，肯定会对他的职业发展有所帮助，但是有时候我们也不要过分迷信口才的力量，要知道在职场中沟通能力也是很重要的，但是沟通的方式却不仅仅局限在会说话上，有时候学会倾听比会说话显得更加重要。

为什么这样说呢？这是因为倾听是交流的前提，如果把交流比喻成是一个水渠，那么两只耳朵就好比是一个水渠的两端，只有两端通畅了，整个交流的过程才会变得顺畅。职场上，只有当你先学会倾听，把别人所表达的意思搞清楚了，你才能准确地表达出有用的观点，这样双方沟通起来才不会有障碍。如果不懂倾听，只知道一味地争辩，那所起到的效果必定会是非常有限的。

案 例

高达是某重点大学的毕业生，由于他从小学习成绩就非常好，所以他养成了争强好胜的习惯，凡事都认为自己是正确的，凡事都喜欢和别人一争高低。当高达参加工作后，仍保留着这样的习惯。

虽然高达的上进心很强，把工作干得也十分出色，可是就是因为他太喜欢争辩、太过于较真，致使他与周围的同事关系搞得非常不融洽。一次，高达所在的部门需要集体讨论一个工作方案，由于他自认为只有自己的方案是最好的，所以他根本听不进去同事们的不同意见，其他的同事一拿出方案，还没等同事说完话，高达便迫不及待地和同事争辩起来，最后搞得整个办公室的气氛非常紧张。在这种情况下，部门主管只能暂停讨论，采取择日再议的办法，于是整个讨论会便被搞得不欢而散了。

后来，办公室主管语重心长的对高达说："你应该好好反思一下，不要太以自我为中心，我们是一个集体，虽然同事们所提的方案不同，但是应仔细听一下别人的意见和建议。即使你的方案是最好的，如果得不到大家的支持和认可，上下不能齐心协力，那么好的方案也是无法实施的。"高达听完这番话后才恍然大悟。

因此在职场上，首先我们每个人都应该学会倾听，倾听是一种修养和美德。一个懂得倾听的人，往往才是有修养、有见识的人，因为他不需要借助口舌之争来体现自己的强大。只有那些外强中干的人才急于争辩，急于表现自己的才能，但那样的做法往往会欲盖弥彰，达不到最佳的效果。

其次，只有学会了倾听，才能养成尊重他人的良好品质，能为我们带来良好的工作氛围。在职场上，倾听其实就是默默无语地关心和支持，和周围的同事一起分享快乐和痛苦。如果你能长期坚持做到学会倾听，必定会给你带来更大的收获。

最后，学会倾听还能让我们了解他人的思维方式，借此可了解自己在思考问题时的不足。俗话说："三人行，必有我师焉。"在职场上，认真倾听别人的意见，可以从中学到很多有益的东西，对于提高自身的工作能力是很有好处的。

专家建议

职场上有时并不一定是说得多效果就一定会好，一个小小的举动——倾听，有时会比你说的话更能打动别人的心。

学会站在他人的角度看待事情，学会分担别人的痛苦，这会让你在职场上变成受人尊敬和信任的人，也会让你的职业发展道路变得更为通畅。

Part 7

办公室不是情绪的直播室

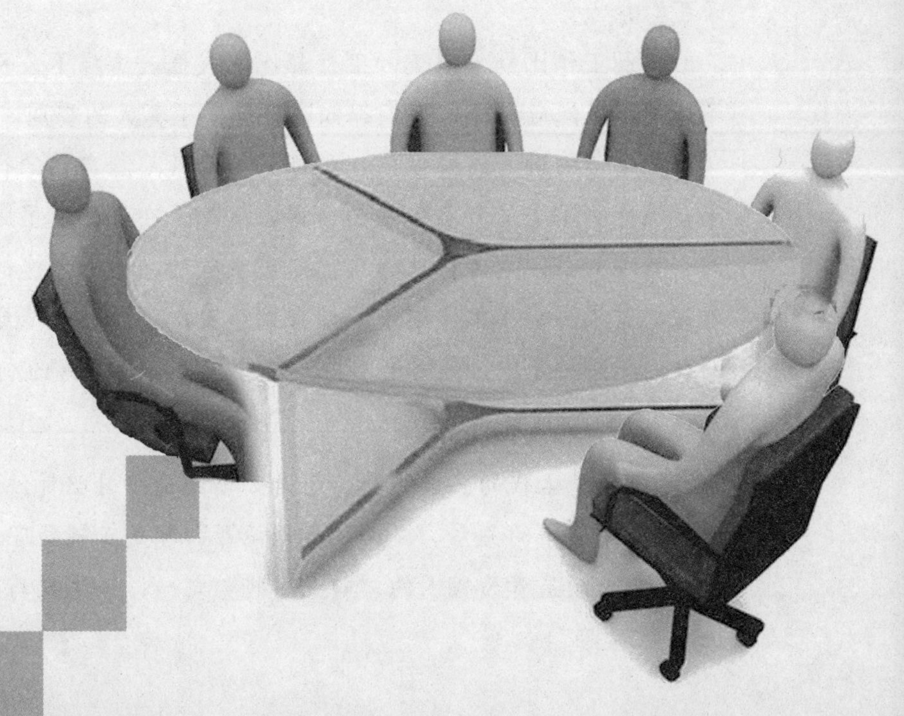

你的情绪像脱缰的野马吗

受到老板的表扬后，你会在办公室里沾沾自喜吗？
知道同事打你的小报告后，会在办公室里暴跳如雷吗？
工作待遇上出现了问题后，你会在办公室里喋喋不休吗？
如果你的做法的确如此，
请你千万要记住办公室不是宣泄你情绪的地方！

好不容易得到老板的表扬，自然应该在办公室里好好地炫耀一番，让同事们看看自己的真本事，看看自己努力工作的成果。

同事暗地里向老板打你的小报告，给自己加上了“莫须有”的罪名，知道情况后当然应该在办公室里与他据理力争，正所谓“身正不怕影子歪”！

自己工作比别人辛苦，工资却比别人低，这样不公平的事情谁能不抱怨，当然应该让同事们都知道自己受了莫大的委屈。

如果你的确是这样做的，那你必须赶紧阻止自己的行为，因为如果自己受到了委屈和不公平的待遇，就急于在办公室里跟同事针锋相对、据理力争，或许你认为自己是理直气壮、问心无愧的，但是你这样做的结果可能不但不能使问题得到解决，反而有可能会加深自己与同事的积怨和矛盾，最终影响的是整个集体和你自身的利益。

案 例

无论是古代的王侯将相，还是如今的小公司职员，都需要处理好与身边同事的关系。成语“负荆请罪”即是正确处理人际关系的典范。廉颇虽贵为战国的“四大名将”之一，一生戎马生涯、出生入死，为赵国立下过赫赫战功。但是蔺相如却因为“完璧归赵”而被封为上卿，位在廉颇之上。廉颇心里自然十分不快，于是数次扬言要羞辱蔺相如。蔺相如得知此事后为了不与廉颇发生争执，屡次避开廉颇，直到连自己手下的人都看不过去了……蔺相如心平气和地问手下的人：“廉将军跟秦王相比，哪一个厉害呢？”大家都说：“那当然是秦王厉害。”蔺相如又说：“我见了秦王都不怕，难道还怕廉将军吗？要知道，秦国现在不敢来打赵国，就是因为赵国文官武将一条心。我们两人好比是两只老虎，两只老虎要是打起架来，难免会有一只要受伤，甚至死掉，这就为秦国创造了进攻赵国的好机会。你们想想，国家的事儿要紧，还是私人的面子要紧呢？”蔺相如的这番话传到廉颇的耳朵里后廉颇羞愧不已，于是才有了负荆请罪的故事。

想想蔺相如贵为国家的“高级人才”，在职场上遇到这样的误会和羞辱，尚且能够控制自己的情绪，而像我们这些普通的职员不更应该控制好自己的情绪吗？遇到问题后首先应该冷静，要学会控制自己的情绪，不要让情绪像脱缰的野马一样。

其实我们时常会在工作中遇到这样或那样不公平的待遇，甚至被误解都是很正常的事情。俗话说：“柴米油盐酱醋茶。”在现实生活中鸡毛蒜皮的事情多如牛毛，很多恩爱的夫妻尚且会为了一点儿小事情而争得面红耳赤，更何况在职场中呢？在职场中，同事之间低头不见抬头见，时间长了难免会因为工作上、情感上、工资待遇上的某些问题而产生矛盾。这时候如果你不能控制好自己的情绪，而放任自己的不满情绪在办公室里任意宣泄，那么由此造成的后果可能会非常严重。

当你与同事产生矛盾时，第一，应学会克制自己的情绪。怎么样克制呢？首先，遇到事情和问题后先别急，要学会冷静思考、仔细分析，不要草率地下结论。第二，遇到恼人的事情，先不要急于发火，使自己先安静下来，然后再作决定。第三，一定要学会制怒，有些事情一旦发生，是无法弥补的。第四，凡事不要过于苛求，学会缓解和释放自己的压力，调整好心态心平气和地做人做事。

专家建议

保持理智、绝不冲动，虽然你可能并没有过错，但是不要因为自己没有过错就咄咄逼人，放任自己宣泄不满的情绪。

冷静思考，找到解决办法的有效途径。有时候解决问题并不一定要靠据理力争，应采取一些灵活多变的方法也许会更有效。

讨厌鬼都是负面情绪的扩散器

你是否会觉得同事们对你不够热情？
你是否会觉得与同事们难以相处？
你是否会觉得别人都在有意无意地躲着你？
果真如此的话，你可千万别成了“讨厌鬼”。

若在工作中遇到不愉快的事情，自然心情就不会太好，心情不好自然在办公室里你就不会有什么好脸色；若是恰巧此时某位同事不小心惹到你了，你立马会与他针锋相对、反唇相讥，把他当做出气筒。

在办公室里如果有同事抱怨工作中的困难，你会马上随声附和并参与其中，甚至还会添油加醋、火上浇油地大肆渲染一番。

同事之间天天在一起相处，时间久了大家都会比较了解，于是你就会认为彼此之间没什么好忌讳的，有什么秘密大家都可说出来尽情调侃一番，这不也可以成为繁忙工作中的一种乐趣吗？

如果上述行为你都有过，并认为是理所当然的事情，那你就大错特错了。这样的行为殊不知已经具备了当一名“讨厌鬼”的基本条件，对维护你今后职场中的人际关系，将会带来意想不到的负面影响。

案 例

小李是一名刚毕业的大学生，刚进公司时对每位同事都很有礼貌，做事也很积极热情，可是时间长了，小李觉得大家彼此间已很熟悉了，于是说话、做事便开始随意起来。一方面表现为，若在工作中遇到不顺心的事情，小李便会在办公室里埋怨这个、埋怨那个，喋喋不休，嘴巴像连珠炮一般说个不，好像全世界的人中只有自己最委屈一般，巴不得整个办公室甚至整个公司都知道她遭受了不公平的待遇。另一方面表现为，要是同事在工作中遇到了不快的事情，或者有新的事情发生，小李又像发现了重大新闻一样，私下里整天打探这个、八卦那个，久而久之所有的同事都开始疏远小李了。不久以后，小李也觉得没趣，便离开了那家公司。

小李之所以会成为同事眼中的“讨厌鬼”，就在于她不懂得如何控制自己的负面情绪。要知道人都是有感情的动物，每个人都会有自己不开心甚至是愤怒的时候。但是如果在办公室里，请你千万要控制好自己的负面情绪，因为如果你不控制负面情绪，那就有可能会给周围的同事带来很多负面影响。你想想如果你身边的同事整天板着脸，或者是莫名其妙地发脾气，你心里会怎么想？你心情肯定也不会好，你会想这人要么是小肚鸡肠、爱耍小性子的人，要么就是对自己有意见。

此外，即便自己已跟办公室的同事们都比较熟悉了，也要懂得去尊重别人，不要因为别人在工作中或者生活中遇到事情，就急忙捕风捉影、四处宣扬，好像全世界就只有自己最聪明、最能干一样。殊不知，你这样做的结果可能会让周围的同事都觉得你是个“长舌妇”，是个不值得信赖的人。当办公室的同事逐渐疏远你的时候，你可能还在那里沾沾自喜、浑然不觉呢。

如果不想使自己成为职场中的“讨厌鬼”，首先，要时刻注意自己的言行对周围人产生的影响。其次，要懂得如何去尊重他人，每个人都需要拥有自己独立的空间，心理学中叫做“安全距离”，若是超过了这个界限，可能会让你成为职场中的“小月月”，变得十分惹人讨厌。

专家建议

不要因为自己有负面情绪，就把负面情绪带到工作中，这样做对你的工作没有任何好处。

当同事有负面情绪时，要学会去理解他人，帮其化解不快，而不要火上浇油，那样做只会使你引火烧身。

善待自己和周围的同事，凡事应该看到积极的一面，这样会为你营造一个快乐而轻松的工作氛围。

泪水别在办公室里流

职场若遭受排挤和不公时，
是选择在办公室里流泪吗？
还是选择自己默默承受？
如果你选择前一种方式，
那你有没有想过由此带来的后果呢？

刚入职场的新人，在工作能力和经验方面肯定都会有所欠缺，而公司的一些主管或者老员工对新人又往往会批评得比较严厉，甚至有时候会显得不近人情。这个时候很多职场新人心里会感觉受了委屈进而压力很大。

该怎么办呢？既没人了解自己心中的压力和委屈，又不能跟上级领导和同事争吵。索性选择在办公室里默默流泪吧！这样做既可以宣泄一下自己心中的压力和不快，又可以让同事了解自己不公平的待遇。人心都是肉长的，看我一把鼻涕一把泪的，谁能不动恻隐之心呢？如果你这么想那就太片面了，要知道有时候在错误的时间、错误的地点流眼泪，不但得不到同事的同情，反倒有可能会给自己造成不良的后果。

案例

吕后和戚夫人同为刘邦的妻子，一位是刘邦的原配，另一位是后来得宠的嫔妃。刘邦晚年在接班人的问题上曾犹豫不决。一个是吕后的儿子刘盈，即自己的长子，最有资格继承自己的皇位，但是刘盈性格太懦弱，刘邦并不喜欢；另一个是自己宠幸的戚夫人的儿子刘如意，虽年轻但颇有胆识，很像刘邦，深得刘邦的喜爱。在“母以子贵”的时代，特别是在后宫里，谁的儿子当了皇帝，谁就能“鸡犬升天”；反之作为一名失败者，其结局是可想而知的。不幸的是，年轻却毫无政治远见的戚夫人最终还是败在了吕后的手下，更不幸的是后来连自己唯一可以仰仗的丈夫刘邦也离开了人世。刘盈当上皇帝以后，吕后派人毒死了赵王刘如意，又将戚夫人打入冷宫、穿上囚衣、戴上铁枷，囚禁在永春巷舂米。此时戚夫人的遭遇可以说是十分凄惨和让人同情的，可是偏偏在这个时候，戚夫人却做了一件看似平常却最终惹来杀身之祸的事情。戚夫人在永春巷每日以泪洗面，并作了一首歌吟唱：子为王，母为虏，终日舂薄暮，常与死为伍！相去三千里，当谁告使汝？这件事件很快就传到了吕后的耳朵里，吕后勃然大怒，下令斩断戚夫人的手脚，挖眼熏耳，喂以哑药，丢入厕所，称为“人彘”。

吕后为什么会因为戚夫人的几滴眼泪和几句歌词，就对她母子二人痛下毒手呢？除了吕后的残忍以及从政治上的考虑以外，一个重要的原因就是戚夫人的眼泪和歌词触动了吕后那根敏感的神经。想当初，戚夫人就是靠撒娇和眼泪让刘邦远离吕后的，并且几次差点废了太子刘盈，要不是吕后忍辱负重，想尽办法四处求人，如今沦为阶下囚的可能就是吕后母子了。现在戚夫人居然还在那里流眼泪唱悲歌，以此来博得世人的同情，并还指望自己的儿子有朝一日能够使得自己脱离苦海，那不就等于盼望她的儿子有朝一日能够夺回皇位吗？这怎能不让吕后这样强势的人物感到愤怒和不安呢！可悲的是戚夫人此举是痴人说梦、引火烧身啊！

欲话说“后宫如战场。”其实职场也如战场一般。如果你在办公室里流眼泪，想想其他同事会怎么看你？如果上级领导，看到你因为工作上的原因在办公室里当众流泪，自然会觉得你的承受能力太差，今后自然是不会重用你的；如果是老员工看到你哭，一定会认为你太娇气，每个人都是从新人做起的，必定都经历过委屈难过的时事情。另外，还有人会觉得你心机太重，你当众流泪，不是摆明着会让周围的人觉得领导或老员工是不是对你太刻薄，欺负新人吗？作为和你一样的新员工自然也不会对你有好感，因为他们会觉得你用眼泪把其他人的同情和关注的目光都吸引到自己的身上了，而他们默默辛苦地工作却毫不被人重视。

因此，在办公室里流眼泪绝对不是一种明智的选择，虽然表面上大家可能都会来安慰你，或许能够缓解你一时的压力，但是实际上可能会让很多人对你从此产生偏见和不信任感，对你今后的职业生涯绝对是一个不利的影响。

专家建议

不要轻易把别人对你的严格要求看做是对你的苛刻和不满，要知道想要真正提高自己的工作能力，是离不开领导及老员工对你的严格要求的。

不要轻易在办公室里流眼泪，那只会让人觉得你太懦弱、没出息。

不要试图用眼泪去博取别人的同情，那样做只会让你显得不够成熟。

停止无休止的抱怨，别做职场“祥林嫂”

1 周工作 6 天，就只休息 1 天！
压力很大，工作太累！
老板抠门，工资太低！
类似的抱怨是否早已成为你的口头禅了！

工作了整整 5 天，周末还要加 1 天班；准备了很久的旅行计划，却被突然的加班电话给打乱了；自己是堂堂的本科毕业生，拿的工资还不如本公司的中专生多……遇到类似的情况，无论是谁心里都会堵得慌。于是你的抱怨便开始像那滔滔江水连绵不绝，犹如那黄河泛滥般一发不可收拾！

如果你真的会经常这样抱怨，那你今后可要学会好好管住自己的嘴了。如果你总是不分场合、不分时间、不分原因地抱怨，最终的结果一定是不但问题得不到解决，而且自己的工作还会受到很大的影响。

案 例

陈美娜是一家化妆品公司的职员，而她的爱抱怨和发牢骚的习惯，在该公司也是出了名的。凭什么做同样的工作，别人拿的钱就多，我拿的钱就少？凭什么每次评先进的时候都轮不到自己！公司订的盒饭质量太差劲了，跟猪食一样……每天一上班，陈美娜的抱怨就像开启的机关枪一样，不断地在办公室里扫射。因此，同事们都将她戏称为“陈大炮”，不是因为她爱发问，而是成天口无遮拦、抱怨不断。

陈美娜每次的抱怨，公司主管都会看在眼里，之所以不动声色，装作没听见，是因为她觉得陈美娜的工作能力还是比较强的，公司目前又缺人，没办法只好先继续雇用她。

工作两年来，陈美娜在这家公司不但未能得到提拔，而且工资水平也没能提高，而与她同期进入公司的“沉默者”们，却早已有了不同程度的改变。如此一来，便更是加重了陈美娜的不满情绪。她的抱怨变得越来越多，周围的同事也都会远远地躲着她。最终陈美娜的职业生涯陷入了一个“糟糕—抱怨—更糟糕”的恶性循环中。

从心理学的角度分析，抱怨是一种情绪发泄，有时候适当地发泄一下自己的不满情绪可以缓解自身的压力，但是抱怨不能超过一定的限度。因为过多地抱怨只会给自己的身心健康带来消极的影响，而且还会给别人留下消极的负面印象。那么，如何才能停止抱怨呢？

首先，我们要认识到抱怨的危害。抱怨虽然可以使自己一时感觉痛快，但是不可能从根本上解决问题。如果在工作中出现问题，首先想到的不是怎么去解决，而是找借口抱怨的话，从长远的影响来看，只会导致自身的能力得不到提高，而且上级领导或者老板对你的印象也不会好。

其次，要冷静思考，寻找自身的不足。多数情况下我们对工作中所遇到的困难产生抱怨，是因自身的能力不足和专业知识欠缺所造成的，只不过大家不愿意承认这个事实而已，不愿意主动地去承担责任，而只是一味地为自己的失误找借口。当你敢于面对自己的不足、敢于承担自己的责任，你就不会再去抱怨了。

最后，应树立积极、乐观、向上的精神风貌。积极的心态、乐观的精神才是职场人所真正需要的。当遇到困难和挫折的时候，不要过于悲观，不要只想着抱怨与逃避，如果能积极地想办法去解决问题，或许情况并没有你想象中的那么糟糕，那么你也就不会总是无休止地抱怨了。

专家建议

抱怨是一种情绪的发泄，适当地抱怨可以宣泄自身的不满情绪，缓解自己的压力，但是当抱怨超过了某种程度后，就会演变成一种消极的情绪，严重影响你的工作。

只对有办法解决的问题进行抱怨，这是能够抱怨的前提和条件；要善于化抱怨为抱负，抱怨只能是发现问题，而抱负却能促使人们想办法解决问题。

眼里要容得进沙子

属下的员工犹如刺头，
是否早已让你头痛不已？
处理问题时凡事只会和稀泥，
是否早已让你心生鄙夷？
老板不能明察秋毫，
是否让你耿耿于怀？

当你身边的同事总是爱出风头，说话不分级别、口无遮拦……是否会让你认为这样的人太肤浅、太不稳重？

当你身边的同事做事情很圆滑世故时，处理工作中的问题及同事间的关系时采用推诿、和稀泥的方式，是否会让你从内心深处觉得十分鄙夷？

当你身边很多才能不如你的人都已经升职或加薪，而你却什么都没有得到时，你是否会心生“千里马常有，伯乐不常有”的感叹，认为老板都是些有眼无珠、不能唯才是用之人！

其实有这些想法都是很正常的，但是有时候换个角度来看，却可能会不一样，正所谓金无足赤，人无完人。每个人都会有自己的缺点和不足。但是有时候一个人在某些方面的缺点和不足，从另外一个方面而言可能就会变成他的优点。比如有的人凡事喜欢讲原则认死理，也不怕得罪人，办事情一点儿变通的余地都没有。这样的人如果在人事部任职，可能会搞得整个公司的员工关系都十分紧张，但是如果让她在监督检查岗位任职，可能她工作得要比其他人都尽职尽责。所以我们应该客观地看待他人的缺点，使自己能够扬长避短，充分发挥自身的才能和作用。

案 例

公元前205年，一个人投奔到了汉王刘邦的麾下，这个人是从霸王项羽麾下投奔而来的，刘邦见了他十分高兴，问他在霸王项羽处做什么官？那人答道：“做都尉。”刘邦说：“既然你在霸王手下做都尉，来到我这里也做个都尉吧，并监护三军将校。”这个人就是陈平。刘邦封陈平做都尉的事情一传开，其麾下军士一片哗然，很多人觉得他们跟随刘邦出生入死，立下汗马功劳，也没有当上这么大的官。现在一个刚从敌营叛逃而来的人居然一下子做了这么大的官，于是有很多人都不服气，不仅抱怨陈平还不断地说他的坏话。

他们给陈平罗列的罪状是品行不端和收受贿赂，即后人所指的“昧金”和“盗嫂”。“盗嫂”是指陈平在家的时候就与自己的嫂子有说不清、道不明的关系；“昧金”是指陈平一到刘邦处就接受别人的贿赂。于是刘邦把陈平叫来询问有没有这些事情？陈平没有否认，他说：“大王现在求的是人才，不是德才，我之所以接受贿赂也是因为我到这里时什么东都没带，不接受贿赂我就无法生活。我之所以会易主，是因为之前的主公不能够采纳我的意见所致。刘邦听了很高兴，不但没有罚他，反而提升了他。在以后的岁月中，刘邦正是依靠陈平的计谋，离间了项羽与范增之间的关系，使得刘邦从荥阳安全撤退，使得刘邦不费一兵一卒除掉了韩信，使得汉军几十万人解了白登之围……

陈平为大汉王朝的建立、巩固和发展起到了十分重要的作用，但是我们也有所了解，陈平此人的缺点还是很多的，如做事不讲原则，采取的手段不够光明正大，其计谋虽多但决断力不强等。但是我们不能因为他有缺点就否认他自身的智慧和才干。刘邦能够战胜项羽，主要的原因就在于刘邦眼里是能够容得进沙子的，无论陈平有什么样的缺点和不足，他都能够真正做到“知人善用”，只有这样的领导才能让其手下在最适合的岗位上发挥出最大的才能。

古人云：“人无癖不可与交，以其无深情也；人无痴不可与交，以其无真气也。”这句话说的是在现实生活中，那些既没有癖好，又没有缺点的人是不值得深入交往的人，因为这样的人要么懦弱无能，要么会特别有心机。

有缺点不一定是坏事情。固执的人虽然不懂得变通，但往往稳重、原则性强；虚荣心强的人虽爱出风头，但其更加有上进心；牢骚满腹的人，虽不讨人喜欢，却有不安于现状、敢于发表意见的优点。

因此，作为现代社会职场中的一员，无论你是公司的老板、管理人员，或是一名普通的职员，无论你处在什么样的位置，从事什么样的工作，眼里都要能容得进沙子。

作为老板或者管理人员你必须明白“水至清则无鱼，人至察则无徒”的道理。你不可能要求每个属下都毫无缺点，你更不可能要求属下把每一件事都做得尽善尽美。你必须明白哪些缺点是可以让其改正的，哪些缺点是他们改正不了的。可以使其改正的缺点，要想办法加以引导，而对于他们无法改正的缺点，你就要考虑让他们“人尽其用”。每个人各有所长，也各有所短，只有按其各自不同的优势安排在最适合他们的岗位上，才能最大限度地发挥其各自的所长。

作为一名员工你的眼里同样要能容得进沙子，不要因为自己的老板一时没有发现自己的才能就牢骚满腹，甚至因此而决定跳槽。要知道老板也是凡人，不可能什么事情都能做得面面俱到；对同事也是如此，凡事不能横挑鼻子竖挑眼，只有站在别人的立场上看问题，才能真正了解出现问题的根本原因。

专家建议

水至清则无鱼，人至察则无徒。只有眼里能容得进沙子，别人才能真正愿意与你交往，也才真正能为你所用。

要学会多角度、多方面地看待问题，要清楚缺点有时候也是优点。

要善于扬长避短，正视缺点才能够将缺点的负面影响降到最低。

Part 8

职场小圈子，关系大学问

冷暴力，说不出的不寒而栗

遭遇职场冷暴力，
你是选择硬碰硬，还是置之不理？
没有无缘无故的恨，找到要害对症下药！
制服冷暴力并没那么难！

初入职场，老员工的冷漠态度会让你丧失工作的积极性，致使你的意志消沉，让你害怕上班。善良、心诚、工作卖力却总是遭遇同事的排挤，你还在把这种现状归咎于别人不够了解你吗？明明能力过人却被上司打入“冷宫”，面对“透明人”的生活方式你只能选择郁郁寡欢、逆来顺受或者干脆辞职吗？

据调查有将近70%的职场人士遭遇过职场冷暴力，但在其中能积极面对、寻找解决办法的人却不到20%，更多的人要不就是选择郁郁寡欢、黯然离职，要不就是“以冷制冷”选择硬碰硬的解决方式。其实换个角度想一想，为什么只有你会遭遇冷暴力，别人却能安然无恙呢？难道就你那么倒霉吗？事实并非如此，世上没有无缘无故的爱，也没有无缘无故的恨，俗话说：“苍蝇不叮无缝的蛋。”应从自己身上找原因，对症下药，要打赢职场冷暴力的突围战，并没有你想象得那么难！

案例

李莉是位初入职场的新人，不幸的是她刚进公司就遭遇了前辈们的冷言冷语。李莉是个进取心强、有主见、有头脑的人，可是每次她把自己的好建议同安妮分享时，换来的总是安妮的不屑一顾。这一盆一盆的冷水渐渐浇灭了李莉的工作热情，她再也不愿意主动地说出自己的想法，也不敢和安妮进行沟通了，两人之间随之出现了看似无法逾越的鸿沟。

李莉所面临的难题对于每一个初入职场的人来说都难免会遇到，作为一名职场新人而言，总是用“热脸贴人家的冷屁股”自然是不好受的，与前辈们较劲更是不可取的，如果一直保持僵持的态度，难免会有挫败感，自然在工作中的积极性也会随之下降。

其实，冷暴力的源头归根结底是来自于老员工的。导致的原因要么是瞧不起新员工的想法，一味地坚持自己的经验主义，要么是其缺乏自信感，害怕新员工会超过自己。无论是哪种原因，只要能逐渐完善自我，问题就能得到解决！

例如，李莉可以尝试着主动去与安妮沟通，逐渐变被动为主动，以谦虚的姿态积极地去向安妮请教，即使是自己已有所了解的小问题，也可通过向安妮请教获得更大的收益，并且认真做好每一件小事，让安妮明白她是个认真勤奋又努力好学的人，时间长了安妮自然就会消除戒心和李莉友好相处了。

别说新员工了，其实工作了多年的老员工，同样也会被冷暴力的流弹打中。

案 例

雯雯最近因为成功地为公司谈下了一个大项目而得到了老板的表扬，并获得了一笔数量可观的奖金，但是她并没有因此而感到高兴，反而越来越害怕去上班了。自从她受到奖励和表扬后，办公室里的其他同事突然都开始想方设法地疏远她，休息时间也没人与她聊天了，见面时更是形同路人，她感觉是被大家“冰冻”了。

在职场中，被老板特别宠爱的员工常常会成为其他同事的众矢之的，那是因为人的嫉妒心在作祟，要知道有谁不想获得领导的重视和赏识呢？一旦有人受到了褒奖，那些没有被褒奖的人自然会以相同的心态集结在一起，通过共同孤立“宠儿”的方式来达到心理平衡，要想避免和化解由于这种原因造成的冷暴力其实并不难。

例如，当老板当着同事们的面夸奖雯雯的时候，她可以顺带将同事们的功劳也一并讲出来，这样不但老板会感觉很有面子，而且能间接地让同事们一起受到褒奖，这样她就不会被同事孤立起来了，而且还能拉近和同事间的距离。另外，平时在工作中还可以多与同事们分享自己的工作经验，久而久之，与同事之间的关系就会越来越好了。

冷暴力其实并不可怕，选择以暴制暴、听之任之的做法才是最可怕的，只有学会思考自己的处境、关注他人的想法，告别职场“严寒”才不会感到困难！

专家建议

新人遭遇老员工的排挤时，可以尝试着让自己变被动为主动，以谦虚的姿态多请教，这样才能让老员工们消除戒心。

在职场中要与同事们一起分享褒奖。平时要多与同事们分享自己的工作经验和成果，可以避免因为工作中的突出而被其他人孤立。

别拿私事当谈资

同事的隐私和八卦新闻，
上级领导的花边新闻，
老板的特殊癖好……
那些个人的私事，
是否都成了你的谈资？

谈论八卦新闻向来是职场人士间活跃气氛及联络感情的有效方法，尤其在工作空闲时，同事之间的秘密就成了大家消遣、娱乐的最好谈资，甚至是老板或者上级领导的个人私事也可成为大家津津乐道的话题。

对于在职场上谈论别人私事的看法，有些人会认为这只不过是工作之余的消遣罢了，不但可以放松心情，而且还能增进同事间的感情，所以他们对此乐此不疲；也有些人认为谈论八卦新闻是人之常情，没有什么大不了的，所以他们更是毫不在意；还有些人认为在公司里谈论别人的私事，虽然有可能会影响不好，但是只要大家关系好，不让事主知道，便不会产生不好的影响，觉得是无所谓的事情。

上述看法真的都是正确的吗？恐怕未必。要知道办公室是个需要遵守各种原则和纪律的场所，更是个充满利益冲突的是非之地，说话办事都需要有所避忌。在办公室里谈论自己或者别人的私事，或是在同事之间传播别人的八卦新闻，这些行为从表面上看来并无大碍，若是处理不当，会给自己带来许多负面影响。

案 例

杨红梅之前所在的单位有位同事姓王，比她年长几岁，杨红梅刚去该单位时，这位王姐对她很好，杨红梅有什么不懂的事情，她都乐于帮忙。一来二去，两人便熟悉了，由于对王姐心怀感激，因此杨红梅无论有什么心里话、有什么私事都会毫无保留地告诉她，而王姐似乎也跟杨红梅十分合得来。公司同事间无论有什么事情发生，都免不了会被她们俩议论一番，两人关系就如同“亲姐妹”一般，好得不得了。

没想到单位在年底时要进行职位选拔，王姐认为自己的工作表现一直不错，又是老员工了，本该榜上有名。可是没想到评选结果出来后，却发现自己没被选上，而杨红梅居然被选上了。于是王姐十分生气，随后便与杨红梅翻脸了，还一口咬定是杨红梅在行政经理面前打了自己的小报告，说了她的坏话才导致她落选的。之后两人的关系便彻底闹僵了。不久以后还传出很多关于杨红梅的流言飞语。有人说她之所以能被提拔是因为行政经理喜欢她，有人说她与行政经理之间存在不正当的关系，还有人说杨红梅已经成了行政经理的“小三”，搞得行政经理正和她老婆闹离婚呢……

杨红梅听了这些传言，就知道是王姐在背后搞的鬼。之前两人听说行政经理与其老婆的关系不和，曾经在私底下议论过。当时刘红梅曾开玩笑说："行政经理既年轻又能干，自己以后要找老公也要找个像他一样的。"当时王姐还使劲怂恿她说："他老婆都快成黄脸婆了，配不上行政经理，要配也得配杨红梅这样年轻漂亮的人。"

可如今，这位"王姐"添油加醋地把当初她们私下里的玩笑话拿出来四处宣扬，并且把屎盆子扣在了杨红梅的头上，将行政经理家庭不和全部归咎于杨红梅的所作所为。这下杨红梅是有口难辩，跳进黄河也洗不清了。

随后此事在单位被传得沸沸扬扬，最后被那名行政经理的老婆知道了，一气之下跑到单位来大吵了一番。此后杨红梅再也无法留在该单位继续工作了，只得无奈地选择辞职离开。

职场是一个充满利益的场合，虽然大家在同一个单位任职，但是各有各的需求，各有各想要获取的利益。同事之间既可能是朋友又存在着成为潜在竞争对手的关系，当大家获得的利益不一致时，矛盾就会被凸显出来。俗话说："要饭的看不惯讨米的！"当同事之间面临职称评定、升职、奖金等现实问题的时候，平时未能显现的矛盾就会被引发。

在职场上若只谈公事，不谈私事，那也是一件不现实的事。即便如此，在你吐露自己的心声和摆明观点之前，首先要考虑自己的言论会不会对周围的同事产生不良的影响，需学会保护自己。

想要处理好与同事之间的关系，需注意以下几点。

首先，不能在办公室里拉帮结派、搞小团体。在同一个单位大家一起工作久了，同事间的关系必定会有疏、密之分，但是千万不要将亲密关系在办公室里表现得太过张扬。比如经常在一起小声交头接耳，或者突然哈哈大笑，这种做法会让人猜疑，也会引起其他同事的反感。

其次，应学会做一台收音机，不要做一个喇叭。同事之间谈论的八卦新闻和别人的私事自己可以听，但不要随便参与其中发表自己的意见和看法，更不要四处去传播。因为你一旦发表意见或者进行传播，就有可能会引火烧身，一定要记住"祸从口出"。

最后，害人之心不可有，防人之心不可无。在职场上不要期待有像生活中那样真正的朋友，即便真有也是极少数的。对职场中的大多数人而言，永远会把利益放在第一位，一旦相互之间存在着利益冲突，或许你今天跟别人说的“心里话”，明天就会成为别人手中的把柄。

专家建议

在职场上永远不要期待有真正的知心朋友，要明白职场中利益永远是第一位的，所以不要把私事作为谈资，以防别人将其作为日后打击你的把柄。

在职场上可以听别人谈论私事，但是切忌不要多说话，也不要妄加评论，要牢记“祸从口出”。

别人的薪资还是别知道的好

不知道别人的薪资，
会不会觉得心里不踏实？
付出同样的劳动，
如果薪资比别人低该怎么办呢？
有时候知道的事情多不一定就是好事。

对于职场人士，特别是刚从学校毕业的新人而言，每到发工资的时候都会有忍不住打听同事薪水的欲望。大家在一起工作了一个月，对每个人的努力程度，以及彼此的工作能力均会有一个大致的了解。发工资后，你肯定不想满足于只知道自己的薪资水平，你还想有一个横向的对比，也许你更想知道自己上个月的努力与付出到底值不值？公司对你的工作能力是否认可？

这种做法看似是合情合理的，但是有时候你却应该进行反向思维，思考下为什么公司要对员工的工资进行保密？即便是你知道了别人的工资又能起到什么实质性的作用呢？如果你的工资没有别人多，可能你心里会有挫败感，认为自己的付出没有得到应有的回报，或者是怀疑自己的工作能力有问题；如果你的工资比别人高，那别人会不会心理不平衡呢？虽然表面看起来可能会是十分羡慕的表情，私底下可能也会非常不服气，甚至有可能还会嫉妒和怨恨你。

案 例

张敏与高杰在同一个部门工作，两人平时关系非常好。张敏工作能力比较强，做事积极、上进心强，所以公司给了他每月3000元的薪资。而高杰因为在公司创期业初曾有过与公司共渡难关的经历，算是老总的心腹之人，所以他的月薪达到了5000元。

本来张敏对自己的收入还是很满意的，可是有一次，张敏无意中打听到了高杰的月薪是5000元，于是他心里便产生了极度的不平衡感。张敏心想自己和高杰做同样的工作，论工作能力、工作业绩和工作态度自己一点儿都不比高杰差，高杰凭什么比自己多拿那么多钱呢？于是张敏越想越生气，开始对高杰的态度变得冷谈起来，而且还处处拿她的工资说事，最后自己干脆跑到主管的办公室以辞职的方式相威胁，要求公司也给他加薪到5000元。结果，张敏的这种做法搞得全公司的人都知道了，很多员工也在私下议论此事，不少人也想趁机要求加薪，导致整个公司里人心浮动，严重影响了公司的正常运作。部门主管原本还想挽留张敏，但因他的做法影响极坏，于是就“顺水推舟”答应了他的辞职请求。

很多公司都不喜欢职员之间相互打听薪资，甚至明令禁止打听他人的薪资，就是因为同事之间的薪资往往会有不小的差别。“同工不同酬”是很多公司普遍存在的现象，这样的分配方法用好了，可以调动员工的工作积极性；但是如果分配方法用得不好，就容易引发员工之间的矛盾，还会怨恨老板的不公平，甚至会选择跳槽。出现这样的局面当然是企业的管理者所不愿见到的。因此，在职场中谈及同事间的薪资问题时需特别谨慎。

首先，不要拿工资来进行攀比。要知道有时候工资的多少并不该成为自己唯一的追求目标，你还应该从工作中找到自己的快乐和价值所在。况且你向别人打听工资收入也只是为了能达到心理平衡的目的，并不能解决实质性问题。如果你真的对自己的工资收入不满意，可以直接向上级领导提出要求，没有必要采取攀比的做法。

其次，不要炫耀自己的工资收入，委婉地拒绝向你打听工资收入的人。当你的工资收入比别人高时，也不应拿来炫耀。俗话说："不患寡而患不均。"这样做只会让你成为众矢之的。如果有人向你打听工资收入，自己可以委婉地拒绝，比如回答说："我的工资填饱肚子足够，想买房还差得远呢。"这样的回答既是实话，又不会泄露具体的数额。

专家建议

不要去打听别人的工资收入，即便是你知道了数额差距，也改变不了实质性问题。若是你的工资收入比别人高，说不定还会招来嫉妒；若是你的工资收入比别人低，自己心里又会不平衡。

打听同事间的工资，不但会引起别人的反感，而且还有可能会影响同事间的团结，甚至会破坏公司的管理制度，到时候你千万别指望领导还会给你涨工资。

一定要留个"台阶"给人下

面对别人的过失，
你会冷嘲热讽、极力挖苦，
还是落井下石、横加指责……
要知道有时候退一步海阔天空，
给别人"台阶"下就是给自己留后路。

在职场中谁都不可避免地会犯错，比如怠慢了客人，在工作中出现疏忽得罪了上级领导等。面对别人的失误或过错，有的人忙于推卸责任，坚定地说：“这件事情是由他负责的，不关我的事。”有的人忙着指责别人说：“本来就是你的错，我还不能管你了？”还有的人会不断挖苦别人说：“连这点儿小事都办不好，你还能做什么？”

类似这样的做法其实都是十分值得商榷的，卡耐基曾说：“不要责怪、批评或抱怨他人。”法国作家安东尼曾说：“我没有权力说出或做出让人小看自己的事……”所以，即使你是对的、别人是错的，你在批评别人的时候也要注意方式。其实不必故意渲染别人的失误，我们要学会适时地给人留个“台阶”下。

案例

公元200年官渡之战结束后，曹操手下的士兵在清理战利品时发现了一大捆信件，他们将这些信件交给了负责此事的官员，那位官员看过信的内容后赶紧抱着信件向曹操汇报。

“启禀丞相，袁绍匆忙逃跑时留下了不少东西。其中有一批信件是京城和我们军营中的某些人，暗地里写给袁绍的。”

“都是些什么信啊？这么慌慌张张的。”当时曹操正和文武百官在一起商量事情，于是他有些不高兴地问道。

“这些信大都是吹捧袁绍的，甚至有的人还表示要离开曹营投奔袁绍。”那位官员话音刚落，曹操手下的亲信便个个怒火冲天。

曹操沉默了一下，突然哈哈大笑起来，看也没看那些信就说：“去把那些信统统烧掉。”众亲信一听都愣住了，随后有人轻声地问曹操：“主公难道就不想查明是谁写的信？”

“不用查了！你们想想，当时袁绍的兵力比我们多那么多，连我都感到没有必胜的把握，都想着如何给自己找退路，更何况其他人呢？”曹操说道。

当那些信全被烧毁后，之前那些私下给袁绍写信的人都感到十分惭愧，那些未写信的将士也都更加愿意效忠曹操了。

有时候不要对别人的错误过于苛刻，不失时机地给别人留个“台阶”下，可能效果会更好。在职场中，我们需要给人留个“台阶”下的情况时常会有，如上下级之间、同事之间与客户之间，都会存在这种情况。给人留个“台阶”下，就是要给人留个“面子”，需适当地维护好别人的形象。

案 例

王毅是一名机关单位的领导，一次单位让他带领各部门的负责人和骨干人员去临近的一个城市参加培训。原定于第二天早晨7:00出发，但是当第二天早晨6:30王毅赶到集合地点时，却发现参加培训的人好像都到齐了。当时共有两辆轿车、一辆面包车，王毅边挥手边喊：“大家都是上车吧！”于是大家都纷纷上车出发了。

当车行驶了近50公里时，王毅的手机响了，原来是那位负责联系培训单位的负责人没有赶上车，王毅看了一下时间，还差5分钟才到7:00。“是我们提前出发了，人家并没有迟到，怎么自己就忘了清点人数了呢？”王毅心里暗想，但是又不好当面承认是自己的错。后来，那位负责人是自己打车来了。

当天中午吃饭时，王毅和那位负责人都为早上的事感到尴尬。只听大家你一言我一语地对那个被“落下”的负责人说：“你若不打电话，咱头还以为你上了后面的车（其实王毅当时根本就没想起他来），我们还以为你上了前面的车，凭你这身份，怎么也不能和我们一起挤在面包车里对吧……”同事们七嘴八舌，不断地给王毅找台阶下。

过了半天那位负责人才说：“昨天我还答应头儿尽量早来，都怪我把单位的一份重要资料忘在家里了，发现后又回家取了一趟，这才把时间给耽搁了。”那位负责人见众人都在为此调节气氛，自己也赶紧打了圆场。缓解了之前的尴尬局面后大家又可轻松和谐地相处了。

俗话说：“良言一句三冬暖，恶语相向六月寒。”你懂得尊重别人，就会获得别人的尊重，甚至能获得友谊和信赖。如果平时说话过于尖刻，只会伤害别人，让人口服心不服！其实给人“台阶”下，既是一种处世原则，又能体现一个人的素质和修养。

要想做到给人“台阶”下并不难，只要你拥有一颗宽容的心。在职场上人人都会犯错误，需将心比心，当别人犯错误的时候若能够换位思考自然就会对别人采取宽容的态度。

另外，给别人“台阶”下时要注意方法。比如，可以用一些幽默风趣的语言、不露声色地暗示出别人的错误，善意地提醒别人或者是帮忙打个圆场，以化解尴尬局面。

专家建议

俗话说：“打人不打脸。”每个人都有犯错误的时候，对待别人的错误不要太苛刻，要知道人都是要面子的，要尽量顾及他人的颜面。

不失时机地给别人留个“台阶”下，既可化解同事间的尴尬局面，又可维护当事人的颜面。这样做会让当事人对你心存感激，从而有利于建立良好的人际关系。

今天你不给别人“台阶”下，明天别人自然也不会给你“台阶”下，甚至还有可能会在工作中拆你的台，让你得不偿失。

贵人还是小人，别傻傻地分不清楚

时常对你称赞有加的人，
是否一定就是你的贵人呢？
时常指出你的缺点和错误的人，
难道一定就是小人吗？
贵人和小人，千万别傻傻地分不清楚！

职场上有些人当面总是笑脸相迎，无论事情是对是错似乎总会站在你这一边，还时常会愤愤不平地替你打抱不平，并显现出一副真诚的样子；而有的人不但不会在你面前说好话，还会时常提醒你什么地方做得不够到位，什么地方还需要再改进，永远似乎都是在指出你的缺点和不足。前一种人是否真的就是你命中的“贵人”？后一种人是否就是真正的“小人”呢？

事实上，当面对你说好话的人不一定就是“贵人”，当面指责你的人也不一定就是“小人”。贵人和小人，自己可别傻傻地分不清楚。

案 例

秦桧是历史人物中较为典型的小人，他与抗金英雄岳飞的主张向来不和。他独揽大权、贪赃枉法、制造冤案、残害忠良、实行不抵抗的政策，而岳飞则主张抗击金军、收复失地。秦桧向来视岳飞为眼中钉，在岳飞抗金取得节节胜利之时，他向宋高宗谄媚并污蔑岳飞，让宋高宗以12道金牌召回岳飞，岳飞在孤立无援之际只能被迫班师回朝。在宋金议和过程中，岳飞遭受秦桧的诬陷被捕入狱。之后又被秦桧以莫须有的“谋反”罪名杀害。秦桧卖国求荣、陷害忠良的小人行为始终被后人所唾弃。

在职场上想要完全避开小人是不现实的事情，但是我们却可以通过合理的方式与小人相处，以避免职场小人给我们自身的发展带来负面影响。

首先，在职场上要与小人保持适当的距离。孔子曾说：“唯妇人与小人难养也，近之则不孙，远之则怨。”这句话指的就是与小人相处既不能靠得太近，又不能过分疏远。靠得太近，他就会得意忘形；过分疏远，他又会认为你与他格格不入，或是根本看不起他，无意中就会把他给得罪了。

其次，在职场上和小人相处要谨慎。在小人面前千万不要谈及自己的隐私和发牢骚，否则有些话很有可能会成为他们日后对付你的把柄。此外，还不要欠小人的人情，不要与他们产生过多的瓜葛。小人是最容易斤斤计较利益得失的，你若欠了他们的人情，他们肯定会加倍让你偿还。

最后，宁愿吃点亏也不能得罪小人。小人心胸狭窄，如果你和他结了怨，他便会一直怀恨在心。在今后的工作中他会不断地与你作对，会想方设法地在上级领导面前打你的小报告，搞得你身心疲惫，连自己的工作都无法正常开展。

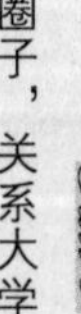

职场小人对个人的职业生涯发展是十分不利的，反之贵人则会对个人的职业生涯发展有很大的帮助。在职场上哪些人是我们的贵人呢？我们又该怎样去辨别贵人呢？

首先，贵人是那些愿意指出我们自身的缺点和错误的人。俗话说："忠言逆耳利于行。"说真话通常会比较容易得罪人。职场中虚情假意的人并不少，你希望别人指出你的不足之处，可别人不见得真的愿意这么做。如果有人愿意主动指出你的缺点和错误，说明他们是真心想帮助你提高，你应当表示感谢才对。千万不要认为会说奉承话的人才是为你好，那样只会让你裹足不前。真正的贵人是那些为你提供成长与锻炼机会的人，是那些能够开阔你的眼界、端正你的人生态度、激发你积极进取的人。

其次，欣赏并包容你缺点的上司是贵人。职场上如果能够遇到一位欣赏并包容你缺点的上司，那他必定是你的贵人。有些上司虽然能够欣赏你，但是他未必会包容你的缺点！因为他们担心你的优点会威胁到他的地位，所以他们说不定还会对你进行打压，更别指望他们会支持与帮助你了。

最后，有责任心、遵守承诺的人才是贵人。职场贵人通常是那些有责任心的人，他们会遵守自己所许下的承诺。他们一旦做出承诺，就会全力以赴地将事情办好。在职场上有些人平时会对你甜言蜜语，做出很多的承诺，但多数承诺都会变成"水中花、镜中月"，只会让你空欢喜一场。

职场中难免会遇上小人，也会遇上贵人。遇到小人时也不必害怕，遇不上贵人也不必着急，重要的是我们自己要有分辨小人和贵人的能力。千万别把小人当贵人，更不能把自己的贵人当做小人来对待，否则自己的职业发展道路必定会荆棘丛生，想要有所作为可就是"天方夜谭"了。

专家建议

表扬你的人不一定是"贵人"，批评你的人也不一定是"小人"，在定位"贵人"和"小人"时自己要学会判断。

职场"小人"永远是把自己的利益放在第一位的；而职场"贵

人”则不会在意自己的得失，只会一心一意地帮助你，为你的职业生涯铺平道路。

选择恰当的职场“小圈子”

一个圈子都不加入，
就会失去拓展人脉的机会。
加入了某个圈子，
也并非是一朝一夕就能融入的。
职场小圈子是没有边界的，
它既没有起点又没有终点。

对于刚进入职场的年轻人而言，有的人一听到“小圈子”三个字就心存芥蒂，唯恐避之不及；有的人则不以为然，觉得加不加入“小圈子”都无所谓；还有的人则较为圆滑，能够左右逢源、八面玲珑，可同时加入多个朋友圈，十分活跃。

职场中的小圈子是客观存在的，但是在加入朋友圈时自己一定要谨慎，切记不能因为自己的私利，无原则地去加入朋友圈。否则不仅不能在圈子中受益，还有可能会给自己造成很多的麻烦。

案 例

很久以前，鸟类和走兽由于争夺动物王国的霸权地位，相互间爆发了激烈的战争，致使双方僵持不下、各不相让。

有一次双方进行交战后，鸟类战胜了走兽。蝙蝠此时突然出现在鸟类的堡垒，兴奋地说：“各位，恭喜啊！你们能将那些粗暴的走兽打败，真是英雄啊！我有翅膀又能飞，我是鸟类的伙伴！请大家多多关照！”

当时鸟类非常需要新伙伴的加入，以增强自己的实力，所以很欢迎蝙蝠的到来。但是蝙蝠是个胆小鬼，等到战争再次暴发时，它便不敢露面，躲到一旁观战去了。

当走兽战胜鸟类时，蝙蝠却又突然出现在走兽的营区。“恭喜各位！把可恶的鸟类打败了！实在太棒了！我和老鼠是同类，也是走兽！请大家多多关照！”蝙蝠谄媚地说。走兽们也很乐意将蝙蝠纳入自己的队伍中。

此后，每当走兽们胜利时，蝙蝠就加入走兽的行列；每当鸟类们打赢时，蝙蝠又立即成为鸟类们的伙伴。

后来战争终于结束了，走兽和鸟类言归于好，自然双方也就都了解了蝙蝠的行为。当蝙蝠再度出现在鸟类的世界时，鸟类们毫不客气地对它说：“你不是鸟类，永远不要出现在鸟类的世界里！”于是被鸟类赶走的蝙蝠只好来到走兽们的面前，走兽们一见蝙蝠就骂道：“你不是走兽，以后不希望在走兽的世界里看到你！”说完便赶走了蝙蝠。

最终，蝙蝠只能在黑夜里偷偷地飞行，苟延残喘地生活在自己的世界中。

职场上存在小圈子是一种很常见的现象，国外有社会学家研究表明：当公司人数超过一定的规模时，每个成员单独与他人直接交流的机会就会大幅减少。在工作中真正能够有机会一对一地进行沟通的对象只有很少的一部分人，在这种情况下自然就容易形成小圈子。

职场上的小圈子有些对我们而言，是会有很多帮助的。俗话说：“物以类聚，人以群分。”同一个小圈子中的人彼此之间会比较熟悉，有时候能互相提供帮助，克服工作中的困难，并且小圈子里的人彼此间能够感受到情感上的关怀，有更强的归属感。

虽然加入职场圈子可能会给你的工作带来好处，但是对于初入职场的新人来说，切忌不要急于加入某个圈子，因为你可能并不知道加入该圈子后会给你带来什么样的影响。更不要自作聪明地同时加入两个圈子，否则很可能会让你变成“两面派”，导致你两面受敌。在职场上，该如何看待小圈子，又该如何正确地加入小圈子呢？

首先，应多注意观察，了解之后再考虑自己是否能够加入。到了新单位后，你要保持低调的作风，先安心做好自己的工作，不要急于跟单位里的同事套近乎，更不要急急忙忙地去加入某个圈子。正确的做法是应仔细观察，了解该单位的企业文化、厘清公司的人脉关系和利益关系。

在全面了解单位的情况后，还需要考虑圈子的性质，然后再决定要不要加入某个圈子。有的圈子是同事之间出于相同的爱好而组成的，例如音乐圈、运动圈、游戏圈等，此类圈子不但能为我们在职场中建立起深厚的友情，而且能丰富我们的业余生活。对于这样的圈子我们可以根据自己的爱好来选择加入。还有的圈子是利益圈子，此类圈子主要是为了获得实际的利益，在这样的圈子中，很多时候会涉及权力的维护和斗争，对于是否要加入此类圈子，你一定要谨慎考虑。

其次，即使加入了某个圈子，也要坚持一定的原则。在小圈子里，不可避免地会谈及公事，要尽量分享一些公司的客观信息，比如已经确定好的人事变动，以及公司下一步的工作计划等。不要发表太多的主观评论，因为即使圈子中的人目前的关系都很好，也很难保证今天你所表达的观念不会被卷入日后的口舌之争中。

此外，虽然职场“小圈子”存在着各自的利益，但是在维护自己所在的“小圈子”的利益时也要讲原则。不能以损害公司的利益为前提来维护自己所在的“小圈子”的利益，也不能为了维护自己所在的“小圈子”的利益不顾是非黑白，与其他圈子中的同事产生不可调和的矛盾。

总之，了解职场中的“小圈子”，聪明地加入适合自己的职场“小圈子”，能够使你在工作中如鱼得水；盲目地加入不适合自己的职场“小圈子”，只会让你耗费大量的精力，无法从中获益。

专家建议

职场上，圈子的存在是不可避免的，不要对圈子避之不及，要知道有时候圈子的存在对我们开展工作也是有好处的。

职场人士需要加入圈子，但不要盲目地加入某个圈子，最好不要同时加入两个圈子，要知道那样做的结果必定会两边不讨好，在哪边都很难得到认可。

参加饭局也是必要的应酬

招待客户需要饭局，
同事之间需要饭局，
公司团体间需要饭局……
种种名目繁多的饭局，
是否会让你感到不胜其烦？

职场中的饭局可以说是无处不在，在工作中招待客户或者迎接上级领导来视察工作，饭局必定是不可避免的；参加同事的婚宴，饭局也是免不了的；逢年过节公司也会组织大家聚餐。有的人会对参加饭局感觉十分无奈和厌烦，认为参加饭局只是大家在一起吃吃喝喝没什么意思，因此总是想找个理由不去参加。

饭局果真只是吃吃喝喝吗？恐怕不是，要知道参加饭局有时是必要的交际应酬。若参加饭局，有可能你在饭局中的发言会变成时尚经典语录；若不参加饭局，有可能对你的传言会变成饭局中的焦点问题。

案 例

秦朝末年项羽与刘邦约定，谁先率军攻入咸阳，谁就可以称王。结果是项羽的部队与秦军主力相遇，双方进行了激烈地交战，而刘邦的部队没有遇到太多的抵抗力量抢先攻占了咸阳城。刘邦攻占了咸阳以后自封为王，并与关中的老百姓“约法三章”，这样的做法招来了项羽和他手下人的极度不满，于是项羽准备攻打刘邦。

好在项羽的叔父项伯与刘邦手下的张良是好友，于是项伯连夜将这个消息通知了张良。张良得到此消息后立刻转告了刘邦，刘邦知情后很是惊慌，不知道该怎么办才好。于是张良便让刘邦款待项伯，并请项伯向项羽转达自己并没有背叛的意思。刘邦照做后，项伯说："如果你无意背叛项王，就请你亲自到项王的军营中去参加宴会，可当面向他解释清楚。"

项伯走后，刘邦既着急又犹豫，不知该不该去项羽的军营中参加宴会。明知项羽没安什么好心，若是去了可能就会有去无回，若不去项羽肯定会起疑心，要是他指挥军队打过来，自己必定抵挡不住。此时张良对刘邦说："如果你不亲自去项王那里参加宴会，项王必定会来攻打，到时候抵挡不住就毫无希望可言了，所以还需请你亲自去一趟。"

于是刘邦带着几个人去参加了项羽的鸿门宴，在宴会上刘邦诚恳地向项王谢罪。项羽见刘邦亲自来赴宴且态度诚恳，于是说："之所以会有这样的误会，全是因为自己误信了谗言。"最后，项羽不顾范增的再三反对，还是放走了刘邦。

刘邦通过去参加"鸿门宴"，消除了项羽的疑虑，从而逃过了一劫，从中我们不难看出参加饭局的重要性。由此可知，现代职场中参加饭局同样也是十分重要的。

首先，饭局是企业福利的体现。俗话说"民以食为天。"饭局对企业的员工，特别是那些底层的员工而言，也是福利的体现，毕竟很多人都不舍得自己花钱去饭店就餐。

其次，饭局可以增强同事之间的沟通和交流，有效地联络大家的感情。饭局中往往会推杯换盏，在热闹和融洽的气氛中不但能够便于交流，而且能够增进友谊，甚至还能够化解平时在工作中的矛盾和怨气。

最后，企业领导通过请大家吃饭，不但可以树立自己的威望，而且能够加强对员工的了解。比如，从一个人喝酒的态度就可以判断出一个人的性格特点，体现出个人的修养。

专家建议

职场上，参加饭局是一种必要的应酬。参加了，虽然不一定会有好处，但是你不参加，肯定对你是没好处的。

饭局的重要性，不在“饭”而在于“局”，要学会在饭局中与同事进行沟通与交流，并在上级领导面前不失时机地表现自己。

酒桌上也有潜规则

和领导喝酒该怎么喝？
同事之间喝酒该怎么喝？
陪客户喝酒该怎么喝？
喝酒也要注意潜规则。

职场中饭局是必不可少的，而在饭局中往往喝酒又是难免的。有的人不太会喝酒，却要硬着头皮逞强；有的人虽然酒量很大，但是喝起酒来却不懂规矩；还有的人虽然酒喝得不多，却能恰到好处，能够起到调节就餐气氛的作用。

饭局上的酒有时候并不是喝得越多就越好，喝酒的关键在于你懂不懂得喝酒的艺术。饭局中喝酒应该跟谁喝？该怎么去喝？这些才是问题的核心和关键，处理不好这些问题，不但不能讨人喜欢，反而会给你带来不良影响。

案 例

张胜江是一家药品公司的销售人员，本来他有一个升职的好机会，公司打算在他所在的销售小组中选一位销售代表。在候选的3位同事中，就属他的工作能力最强，大家都看好他，可是未料到在年终聚餐时，他无意中得罪了该部门的领导，让这原本“煮熟的鸭子给飞了”。

原来在聚餐时，该部门领导端着一杯红葡萄酒来敬张胜江所在的一桌人。此做法原本无可厚非，可是直爽的张胜江却说部门领导这样做不够真诚，他表示要跟该领导单喝，而且要喝白酒，说完便把满满的一杯白酒端到了该领导的面前，还要跟该领导干了。

该部门领导见此情况，脸上一下露出了不悦的表情，原来该领导平时就不太能喝酒，现在张胜江又当众让他喝白酒，让他觉得既尴尬又下不了台。最后该领导只是把杯中的葡萄酒干了，然后对大家说了句：“你们年轻人慢慢喝，我还要去敬其他桌的人。”说完此话该领导便转身走了，理也没理张胜江。

就是因为这个小插曲，导致该领导对张胜江的态度冷淡了许多，在提拔销售代表时另选了其他人。

有的人会在不知不觉中因为一杯酒而失掉了升职的机会，也有的人则因为一杯酒获得了上级领导的信任和重用。

案 例

王磊是一家建筑公司的建筑工程师，平时王磊在公司里不善言辞，属于默默无闻的那种人。在一次偶然的机会，王磊适时地为其上司挡了杯酒，却意想不到地帮了他的大忙。

原来那是在一次宴请合作公司的饭局上，对方的项目经理十分热情，带领其下属员工一起向王磊所在的公司人员敬酒，特别是对王磊的上司更加热情，不断地向其敬酒。王磊的上司当时已经不胜酒力，脸色苍白。

当对方再次向王磊的上司敬酒时，王磊举起了自己的酒杯说道：“我知道自己人微言轻，本来不应该替我们领导挡酒的，但我们领导确实醉了，而且他明天一大早还要参加公司的一项重要会议，所以请允许我连喝3杯，代上司回敬诸位。”随后，王磊一口气喝了3杯白酒，顺利地帮自己的上司解了围。

回到公司后，王磊的上司对他说：“他当时已经不能再喝了，如果不是王磊帮他挡酒，他现在恐怕要在医院里了，并且被王磊挡酒时的诚恳态度所感动，既帮自己解了围，又没让对方失面子。”后来这位上司便把王磊视为心腹，对他格外信任并加以重用。

酒桌上喝酒是一门艺术，有很多的规矩是需要了解的，只有懂得了酒桌上的潜规则，你才能应对自如。

第一，要明白自己在酒桌上的身份。酒桌上首先要明白你是作为主人还是作为客人，是主要陪同人员还是一般陪同人员，千万不能喧宾夺主，抢了别人的风头。若是无法判断自己的身份，可按接到吃饭的通知来加以判断自己身份的重要与否。若是提前一天与你预约是真心请你吃饭的人，那你肯定是相对重要的客人；若是提前半天约你，则只是想让你作陪，那你就是一般的陪客；而到饭点才通知你，通常是请你去凑人数的，这时你应注意在饭局中不要过于表现自己。

第二，酒桌上喝酒要懂规矩。酒桌上敬酒时不要想敬谁就敬谁，要等领导们相互敬完酒后才可以自己去敬酒；如果你不是领导，千万不要用一杯酒敬一桌人；在酒桌上如果碰了杯，就应该把杯中的酒喝完；如果没有碰杯，喝多喝少可以随意。另外，在敬酒时的场面话也是一定要讲的，只有你把话讲好了，别人才乐意跟你喝酒。领导跟你喝酒，是给你面子，不管领导要你喝多少，你都应先干为敬，在敬酒时自己的杯子永远要低于领导的杯子。

第三，可以多敬酒，不要强行劝酒。中国人在喝酒时喜欢劝人喝酒，客人喝得越多主人就会越高兴，但是这种行为是不礼貌的。因为有的人可能不会喝酒，特别是一些职场人士饭局后可能还有工作要做，强行劝酒可能会耽误别人的正事。

第四，注意酒后不要失言失态。自己在喝酒时一定要注意保持头脑清醒，不要一上来就猛喝，这样会很容易醉酒。如果自己喝多了，千万不要说大话，更不能把不该说的话都说了……若醉酒后很失态，无论是谁都会给人留下很不好的印象。

除此之外，对于职场人士而言，需要在现实生活中的各种应酬场合不断地学会观察、积累经验。只有了解了应酬的艺术后，你才能游刃有余地参加各种应酬活动。

专家建议

在酒桌上敬别人酒时，如果不碰杯，喝多喝少可以随意；如果碰了杯那么应把杯中的酒喝完。

领导跟你喝酒，自己应先干为敬，敬酒时要牢记自己的杯子应该低于领导的杯子。

酒桌上千万不能出现酒后失言、失态的情况。酒可以少喝，但是千万不能喝多了乱说话，否则还不如不喝。

“小聪明”也会带来大麻烦

> 不懂的问题却要假装很懂，
> 同事的缺点总逃不过自己的双眼，
> 上司的计划自己总要预先进行判断，
> 公司所做的决策自己总要加以评判一番。
> 这些看似“聪明”的做法，
> 有时候反而会给你带来危害。

职场新人大多爱表现自我。有的人刚到公司，无论是发现管理上的漏洞还是制度上的缺陷，都会急于将这些问题向领导反映；有的人会在对自己的业务还不是十分熟悉的情况下，就敢于对不了解的事物加以评判；还有的人总是喜欢揣测上级领导的意图，在他们未出台新政策前便四处宣扬。

这些做法表面上看似很“聪明”，实质上不过是耍一些“小聪明”罢了，在职场上耍这样的“小聪明”有时候反而会给你带来危害。

案例

张文是一名中国留学生，他从德国一所大学毕业后，进了当地的一家进出口贸易公司工作。

由于工作原因，张文和他的同事每天都要开车到当地的机场去办事，而最让他们感到头痛的是机场里的停车位非常难找，而且停车费用十分昂贵，通常为10分钟1欧元。因为工作时间较长，需要停车的时间也比较久，所以停车的费用算下来常会高达十几欧元甚至是几十欧元。

有一天张文找到了解决问题的办法，即每当开车去机场时，由张文先把车停到禁止停车的位置，这样一来自然就会有警察来给自己贴违章停车的罚单，只要贴了罚单车辆便不会有人管了，爱停多久停多久。因为每次办事都要停很久，再加上要花数十欧元的停车费实在太不划算了，而罚款只需几欧元，所以贴了罚单后停车时间越长越划算。

“你真是太聪明了！真是厉害！我做梦都想不出还可以用这种办法解决停车缴费的问题。”当张文得意洋洋地把这件事告诉他的德国上司后，他的上司惊讶地说。

可是没想到此事发生后不久，张文不但没有得到提升，反而被公司辞退了。因为在严谨而又十分遵守法规的德国人看来，虽然这样的做法看起来很“聪明”，但是违背了社会的法律法规，是不可取的。对于张文这样不能遵守社会法律法规的人，他们认为同样不会遵守公司的管理制度，所以他们把张文辞退了。

像张文这样耍“小聪明”的人肯定还大有人在，从长远的观点来看对个人的职业发展并没有什么好处。表现自己的才能本身并没有错，但是如果没有大局观念、不能采取正当的方式，就另当别论了。因此，只有那种低调务实、虚心好学、踏实勤奋的人，才会受到欢迎。

专家建议

职场上不要什么事情都耍“小聪明”，那样只会让你因小失大，得不偿失。

踏实认真地做事、努力提高自己的能力、真诚对待周围的同事，才是真正的“聪明”，也只有这样才会有利于你长期的职业发展。

好一朵美丽的罂粟花——办公室恋情

男女搭配，干活不累；
朝夕相处，日久情深；
知根知底，安全放心……
小心！办公室恋情，
也许只是美丽的罂粟花。

在如今快节奏的生活方式中，吃饭—上班—睡觉三点一线式的现状十分普遍，清晰勾勒出职场人士单调的生活。对于很多的职场人士来说，待在办公室里的时间可能要比待在家里的时间还要长，在这种情况下，如果能拥有一份甜蜜的办公室爱情是不是会更加理想呢？还可恋爱与工作两不误！常言道：“男女搭配，干活不累！”如果两人都在同一家公司工作，不但可以朝夕相处，而且还能互相帮助，相互有个照应不是更好吗？

可是，办公室恋情真的像你想象中的那样好吗？恐怕未必！一项最新的调查显示有近30%的人认为工作场所是个谈情的好地方；有近40%的成年男女约会过同事。但是这些办公室恋情的实践者得出的结论却是：55%的人认为与自己的老板和上司谈恋爱是一件很危险的事情；25%的人觉得在办公室谈恋爱，很难处理好职场上的各种关系；20%的人坦言与同事谈恋爱大多不会有好的结果。

案例

邓娜大学毕业后进了当地的一家知名企业工作，刚进公司时由于她的工作经验不足，再加上工作压力很大及竞争激烈，邓娜是倍感压力。好在邓娜所在的部门领导常乐对她很照顾，有不懂的地方总能及时得到他的帮助，因此邓娜免强能够应对。

邓娜是个漂亮的女孩，加之她比较聪明，所以没过多久她的工作业绩就得到了大幅提升，俨然成为公司的一颗新星。邓娜能取得这样的成绩，与常乐的大力帮助和支持是分不开的，所以她对常乐十分感激，再者邓娜觉得常乐的能力与人品都不错，接触时间长了难免就对他产生了爱慕之意。而常乐似乎对邓娜也特别有好感，无论什么事情都会比较照顾她。

于是两人便产生了暧昧之情。虽然邓娜和常乐并没有把两人的恋情公开，在工作时仍保持同事关系，但很快便被其他同事发现了。

本来邓娜作为公司的新人，既年轻又漂亮，工作成绩也很出色，难免会遭到其他女同事的嫉妒与排挤，如今邓娜和常乐之间产生了恋情正好为她们孤立和打击邓娜提供了口实。自从邓娜和常乐的恋情曝光后，不但邓娜所在的办公室的女同事们纷纷孤立她，各种流言飞语也开始在公司里传开了。有的说邓娜没什么本事，全凭长得漂亮，因受到常乐的特殊照顾才有了今天的工作业绩；有的则说邓娜心机重，就会用美色勾引男上司；还有的说常乐徇私舞弊、假公济私，什么好处都给邓娜了……

听到这些流言后邓娜是哑巴吃黄连有苦说不出，只能假装没听见，每天还是强颜欢笑，继续努力工作。常乐的境况自然也好不到哪儿去，自从他们的恋情曝光后，常乐发现自己在公司的威信大幅降低了。即便是邓娜做出工作成绩自己也不敢公开表扬她，而其他女同事在工作中出现了问题自己也不敢直接批评，怕她们说自己不公正，从而去老板面前打小报告。

仅两个月的时间，邓娜和常乐就感觉无法承受了，不但部门的人际关系变得越来越复杂，而且都难以展开工作，同时两人的感情也随着各种压力出现了裂痕。常乐是个事业心很强的人，不想因为和邓娜的恋情影响自己的前途，所以首先提出和邓娜分手。

邓娜见无任何挽回的余地，也只能同意了。可是邓娜想到分手后自己还得天天在常乐的管理下工作，不但自己觉得心里难受，而且在同事面前感觉更是抬不起头来。所以她不得不选择了辞职，彻底从这场失败的办公室恋情中解脱出来，重新寻找新的工作。

办公室恋情就像一朵罂粟花，看上去漂亮，其实在光鲜亮丽的外表下却蕴含着危机。办公室恋情之所以会产生危机，主要有以下几方面原因。

首先，老板会对办公室恋情很反感。办公室是工作场所，不是谈情说爱的地方。办公室恋情有时候不但会影响公司的形象，而且往往会耗费员工的精力，影响工作效率。如果你因为办公室恋情而影响了工作，小心被老板炒鱿鱼。

其次，办公室恋情会影响同事之间的关系。同事关系不像校园里的同学关系那么单纯，同事间的关系往往既复杂又微妙，个人与个人之间、部门与部门之间难免会因为利益的不同而产生矛盾。即便你能做到公私分明，把工作和恋爱分开，也难保不会因为利益的不同而给其他同事以口实，留下别人打击和排挤你的把柄。

最后，办公室恋情对恋爱双方都没有太多的好处。两个人在同一个部门工作，虽能一起上下班，看似亲密，久而久之会缺乏个人空间，对自己的恋人缺乏新鲜感，两人的感情也会随之变得平淡。两个人在一起工作，还容易把生活和工作中的矛盾混在一起，加重双方的负担。当你感觉厌烦时，彼此的感情也就岌岌可危了。更糟糕的是，一旦分手后你还会因为不想见到对方，而不得不另谋出路。

专家建议

办公室恋情，很容易把公事和私事混为一谈，甚至有些人还会因此而降低工作效率，这对老板而言是不能容忍的。

办公室恋情容易影响同事之间的关系，职场上的人际关系本来就比较复杂，一旦加入私人感情，情况就会变得更糟。

俗话说："距离产生美。"办公室恋情容易让两个人彼此失去独立的空间，双方太过熟悉反而会失去吸引力。

职场中说话的艺术

同事之间该怎么说话呢？
与上级领导又该怎么说话呢？
和老板该谈些什么？
如果你不懂得说话的艺术，
当心说实话也会害了你自己。

初入职场的年轻人，思想大都较为单纯，在与同事、上级领导或者老板交谈时，常会口无遮拦，想到什么说什么。

其实这样的想法是很片面的，心直口快、敢作敢当这些词语听上去好像是对你的夸奖，其实不然！职场中，岗位和地位不同的人，其所获得的利益就不同，看待事情的立场也会不同。如果你不懂得在职场上“见人说人话，见鬼说鬼话”，对什么人都怎样想的就怎样说，最后并不一定会有好的结果。

案例

从前有一只大老鼠戴着它的儿子去散步，被一只猫发现了。老鼠拉着儿子撒腿就跑，那只猫紧跟其后进行追赶，眼看就要追上它们了，此时大老鼠才发现追它们的仅是只小猫。大老鼠心想小猫没经验比不上老猫，于是它便赶紧学狗叫，蹲在地上对着小猫狂吠。小猫一听立马就停了下来，以为自己看错了，迷迷糊糊地在追赶狗。这下可要遭殃了，于是小猫吓得掉头就跑。大老鼠一抹额头上的汗，自豪地对儿子说：“孩子学会一门外语很重要啊！”

这虽然只是个笑话，但是可见有时候“鬼”话还是有点用处的。如果无论遇到什么事情或什么人你都只会实话实说，那么但凡遇到居心不良、图谋不轨的人，你所说的话就会被对方加以利用，从而会让你为此付出惨痛的代价。

案例

三国时诸葛亮领蜀军第五次“北伐”，一路上势如破竹，打得魏军是落花流水。魏军统帅司马懿认为蜀军锋芒太盛，不宜与之正面交锋，加之蜀军远道而来粮草运输困难，时间长了必定会无心作战，于是司马懿下令所有的部队坚守阵地不出兵。

不管蜀军将领多少次前来辱骂挑战，也不管自己手下将领多少次要求前去迎战，司马懿都不为所动，只是坚持一个“守”字。

最后诸葛亮没了办法，就派了一名使者拿了一套女人的衣服和一封书信去见司马懿。信中的内容为：司马懿你是魏国的大将，率领着中原那么多的将领和士兵，不想着与我们交战一决雌雄，却甘愿龟缩在自己的土巢里，跟女人有什么区别呢？我现在派人送去女人的衣服一套，如果你再不出兵，就把它收下穿上吧！如果你们还有点男子汉的气概，就早点出来与我们交战！

这封信交到司马懿手中后，司马懿手下的将领个个是暴跳如雷，强烈要求与诸葛亮决战。司马懿看了书信后心中也非常愤怒，但是他却假装笑道：“诸葛亮把我看做女人，那我就把这身衣服收下吧！”

司马懿不但没有生气，还很热情地款待了使者。当着使者的面，他一字不问蜀军的虚实，只是打听诸葛亮每天睡几个小时，吃几碗饭，平时忙不忙？使者是个忠厚老实的人，一听司马懿这样问，便如实地回答说：“丞相一大早就起来了，晚上很晚才睡觉。所有军营里的事情，无论大小他都要亲自过问，而他现在每天只吃一点儿米饭。”

司马懿听了使者的话后笑了笑说：“诸葛亮吃得这么少，军务又那么忙，那样能坚持多久呀！”此后，他更加坚定了“拒守不出”的政策。果然不久以后诸葛亮病逝，蜀军只能撤退了。

诸葛亮和司马懿好比是职场上精干的“老板”，一人是费尽心思想用“激将法”激怒对方，另一人则是“醉翁之意不在酒”，想借力打力，只有那忠厚老实的使者才如同职场上的“新人”一般。只不过这位忠厚老实的“职场新人”犯下了致命的错误，他所说的实话不但没能帮到他的“老板”，反而使其“老板”原有的计划落了空。

古人云：“逢人只说三分话，未可全抛一片心。”在职场上，有时候说话也要动脑筋，不要轻易把你的真实想法都说出来。这并不代表你有多深的心机，只能算是一种保护自己的方法而已。毕竟职场上什么样的人都有，若是轻易相信别人，则反而容易被别人利用。

有位西方哲学家曾经说过：“我宁愿什么也不说，也不愿暴露自己的愚蠢！”有时候话说多了，难免会出现错误。即便你说的都是真话、实话，对于听者而言却不一定都会认同。

对于求职者而言，往往在面试时就要学会说话。同一个职位，不同的公司会有不同的要求，有的公司看重学历、有的公司看重能力、有的公司看重人品……往往就需要你能根据对方的实际需求，把该公司所想要了解的信息传达出来。即便是同一家公司，不同部门的要求也会有所不同，要学会变通，千篇一律的话语只会让你陷入被动的局面。

对于刚进入职场的新人而言，不要一到公司就和别人掏心掏肺，把自己所有的心里话都和盘托出。要先对周围的同事有所了解，然后再与那些值得信赖的人建立交往关系，只有这样才能交到知心朋友。千万不能把每个人都当做知己。

“见人说人话，见鬼说鬼话”不是让我们在职场上做人当面一套、背后一套，更不是让我们去说假话、大话。它是要告诉我们在职场上要懂得变通，面对不同的人要学会说不同的话以突出不同的重点。不懂变通以及一味的实话实说只会让你陷入被动的境地。

专家建议

心直口快、实话实说，这样的处事方法在职场上未必行得通，就如同有时说真话未必能起到好效果一样，说“鬼话”有时反倒能讨人喜欢。

“见人说人话，见鬼说鬼话”不是让我们去欺骗他人，而是让我们要懂得变通，对不同的人要把握好说话的技巧与分寸。

Part 9

想要升职加薪，搞定老板很重要

老板也需要安全感

自己能力比别人强，
但是职位却比别人低，
是老板不够明智，
还是你的表现不能使老板放心。

老板任人唯亲，把自己的亲属安排在重要的领导岗位上，也许你早已对这种老土的管理办法不屑一顾、嗤之以鼻；老板有眼无珠，明明你的工作能力很强，就是得不到重用，是不是这样的老板真的就是鼠目寸光、不懂得其中的利弊与得失？

恐怕有时候事情并不像你想的那么简单，有时候老板放着能力强的员工不用，偏要把那些能力平平的人安排在领导岗位上。实际上只能说明工作能力强的人没有给老板足够的安全感，让老板能够放心地把领导岗位交给他们而已。一个人的工作能力确实很重要，但是能够让老板具有安全感，能够让老板放心，让老板充分信任他更为重要。只有真正能够得到老板的信任，才会给你足够的发展空间。

案 例

战国末年秦灭六国，韩、赵、魏相继被灭，燕王也出逃了，当时秦始皇准备派大军一举歼灭最后一个强敌——楚国。在对楚国开战前，秦始皇问王翦：“灭楚国要多少兵马？”王翦说：“非60万人不可！”秦始皇又问李信同样的问题，李信却说：“只要20万人就够了。”秦始皇认为王翦老了太保守怕打败仗，于是就派李信去攻楚。

结果李信的军队被楚国打败，秦始皇十分后悔，便亲自跑到频阳向王翦谢罪，并请王翦领兵攻楚。王翦始终找理由再三推辞，但是秦始皇仍坚持请他领兵出征。王翦说：“让我带兵出征也可以，但是请大王一定要给我60万人才行。”于是秦始皇答应了他的要求。

到了出征这一天，秦始皇亲自到灞水之滨为其送行。王翦对秦始皇说：“希望大王能够多赐予自己一些田宅！”秦始皇十分痛快地答应了他的要求。

如果把秦始皇比作企业的“老板”，那么员工就要努力成为像王翦那样既有能力，又能懂得老板心思，能够真正让老板放心和大胆使用的“员工”。

企业老板也需要有安全感，毕竟企业老板为自己的企业付出了很多的心血，需克服种种困难才能取得成果。如果用人不当，便会给企业带来巨大的损失，甚至还会使自己辛苦打拼的事业毁于一旦，要知道没有哪位老板愿意看到这样的结果。

有的人工作能力很强，但是个性也比较强，相对而言比较难管理。如果他们在工作中遇到不顺心的事情会随时选择离职，如果将这样的人安排在重要的工作岗位上，会给公司造成巨大的损失。还有些人之所以一时得不到重用，可能是老板正在对其进行考察，他们若是在工作中一味地抱怨，只会让老板对其更加不愿重用。

因此，当我们在职场上不被老板所重用时，不要总是抱怨老板没有识人的能力，也许并不是你的工作能力不强，只是你还没有得到老板完全的信任罢了。想要获得老板对你的重视就要想办法展示自己的忠诚与能力，这样才能得到老板的信任，也才能让老板放心她把你安排在重要的工作岗位上。只有获得老板的信任你才有发挥自身才能的机会，也才能够在职场上获得更大的发展空间。

专家建议

要想得到老板的重用，除了要提高个人的工作能力外，还要能让老板信任你，让其认为把你安排在重要的工作岗位上是安全可靠的。

要使老板具有“安全感”，最重要的就是要在工作中表现出自己的“忠诚”。

越级报告是危险的举措

上级主管对自己不公平，
就直接到老板面前去告状和诉苦。
想在老板面前表现自己，
就直接找老板汇报情况或提出建议。
这样做的后果你是否考虑过？

什么是越级报告？越级报告就是越过你的上级主管，直接向公司高层领导甚至是老板报告，就某人或者某些问题直接汇报情况或提出意见和建议。

你或许会认为自己的上级主管能力不强、水平不高，或者与上级主管的关系不好怕他会打压自己，就直接将自己对其的意见反映到更高一层的领导那里没有什么不妥？如果你总是抱着这样的想法，那么你的职场发展之路恐怕会更加坎坷。

要知道越级报告是职场中的大忌。这样的行为不但会破坏你与上级主管之间的关系，而且越级报告还会打破公司的正常管理程序。所以，即便你越级报告成功了，甚至解决了当下的问题，那你今后在职场中与上级主管的关系也就很难再处理好了。

案 例

战国时期，魏王的弟弟信陵君魏无忌在魏国有很高的地位和很大的权力。长平之战以后秦昭王派兵包围了邯郸，于是赵国派人向魏国求救。魏王因害怕秦国的报复，所以迟迟不敢派兵去支援。

面对这样的情况，信陵君手下的门客建议让如姬去盗魏王的虎符，然后由信陵君拿着虎符调动军队去支援赵国。因为信陵君对如姬有恩，所以如姬帮助信陵君盗取了虎符，在得到虎符之后，信陵君杀死了怀疑他的军队统帅，然后领着军队去支援赵国了。

虽然这一次，信陵君顺利地帮助赵国解了围，但是信陵君也知道自己所要面对的后果。因此，战争结束后信陵君就一直住在赵国，再不敢回魏国了。他一住就是十几年，后来秦国攻打魏国时由于魏王抵挡不住，才派人把信陵君从赵国请回了魏国。

信陵君窃符救赵虽然在历史上留下了一段千古佳话，但它却是一个典型的越级行为，所以连信陵君都知道其严重的后果。若信陵君不是魏王的弟弟、若不是他很有才能而当时魏国又十分需要这样的人才，或许信陵君早就性命难保了。

“越级报告”其实同信陵君的“越级行为”是同样的道理，因为其破坏了正常的管理次序，容易引发很大的矛盾。首先，上级主管会认为你不尊重他，而相同级别的主管也会对你心存芥蒂。其次，公司的高层领导不会因为你所提的意见而不顾忌你直属领导的威信与颜面。最后，就连你身边的同事也会认为你是急功近利、好大喜功之人，对你也会产生看法。

所以，在职场中越级报告要十分谨慎，因为即便你所报告的内容属实，但是由于你所采取的方式破坏了单位的正常运作程序，甚至还会影响同事间的团结，所以必定是不受欢迎的。不仅如此，这种做法还有可能导致你处于“里外不是人”的境地。

如果在工作中确实有好的建议，应该先跟自己的上级主管进行沟通。如果上级主管故意不采纳你的建议，再采取合理的方式向高层领导反映。若遇到特殊情况，如上级主管不在或无法与其联系等情况需要越级报告时，可以在报告后再向自己的上级主管说明情况。

专家建议

“越级报告”是职场大忌，因为此做法不但会得罪你的上级主管，还有可能会导致更多的人不信任你。

不要为图一时之快，或者逞一时之强就采取“越级报告”的方式，要知道无论你的能耐有多大，若要想在一个单位长期发展，搞好人际关系永远是最重要的。

千万别和老板谈公平

自己在工作中干的多，工资却拿的少，
老板只当没看见；
明明管理制度中制定了公平原则，
在实施中却得不到落实；
该不该向老板讨回公道？

职场上的年轻人总是希望凡事都能公平合理，无论是工资待遇还是工作任务都喜欢拿来跟周围的同事进行比较，一旦觉得自己吃了亏，便会不停地抱怨老板的做法不公平。

很多人都爱把公平和平等挂在嘴边，似乎什么事情都应该一视同仁。在现实生活中是否真的如此呢？平等当然是应该的，这是现代文明所追求的基本原则和理想境界。但是你要知道，正是因为每个人生来就是不平等的，我们才会努力地去消除这种不平等关系。同样的道理，任何一个单位和组织中，正是因为有种种不公平的现象存在，我们才会去倡导和建立公平原则。

在校园中我们喜欢事事讲公平，我们可以大胆地驳斥学校中那些不合理的规章制度。如果老师有什么不对的地方我们也可以直截了当地提出来，根本不用考虑会产生什么后果。在同学眼里，只有这样做你才是有个性、有气魄的人。但是进入职场后，如果你仍旧这样做，动不动就对公司的制度提出质疑，或者动不动就去找老板理论，到头来只会搬起石头砸自己的脚。

要知道老板和你所处的位置和立场是不同的，不可能什么事情都跟你谈公平，对于大多数事情而言都是要以公司的利益为核心的。如果你连白这个道理都搞不明白，那就更加感受不到公平了。

案 例

从前狮子、狐狸和狼一同出去打猎。这三名猎手，从山下跑到山上，又从山前跑到山后，一天下来收获的确不小，野兔、小鹿、锦鸡、青蛙……放在一起有不小的一堆猎物。

狮子累得边趟在大树下面休息边大声地对狼说："你去把猎物分一分吧！"

狼答应了一声，便认认真真地将猎物按大小分开，仔仔细细地按肥瘦搭配好，忙乎了好一阵，才把猎物平均分成了三份。他恭恭敬敬地对狮子说："大王，请你先挑吧！"

狮子看了一眼分好的猎物，突然吼叫起来："你这只可恶的狼，竟想和我分得一样多！简直是混蛋透顶！"于是它猛扑过去，一口把狼咬死了！

之后狮子又躺下来休息，挥挥手吩咐狐狸说："你去分吧！"

于是狐狸走到猎物前，机灵地把所有的猎物都放在一起，仅把一只小青蛙放在一边作为一份。之后，狐狸拿着那只小青蛙对狮子说："大王，还有一份是你的。"

狮子抬头看看分好的猎物，乐呵呵地说："嗯，这还差不多，难怪人家都说狐狸会办事呢！"

职场上有很多人都会抱怨不公平，归根结底都是由于利益问题而引发的。俗话说："一分耕耘，一分收获。"要求获得回报是很正常的想法，但是如果你的要求超出了老板的预期，他是绝对不会答应你的。

老板心里自然会有衡量的标准，他会权衡各方面的利益关系，他也希望能够留住真正对公司有贡献、有能力的员工。所以作为下属一定要明白，与其计较眼前的得失不如好好工作，让老板能够看到你的工作业绩，当你能够用自身的实力证明自己的存在对公司的重要性时，老板必定会满足你的要求。

专家建议

当自己遭遇了不公平的待遇时，不要去抱怨和找老板理论。应冷静地分析自身存在的问题并找到自身的不足之处，努力提高自己的工作能力，这才是解决问题的根本方法。

职场人士应把眼光放得长远一些，只有让老板先看到你的贡献和价值，老板才会让你受到公平的待遇。

别和老板走得太近

感觉老板很器重你，
于是就天天跟老板粘在一起；
感觉老板把你当做朋友，
于是无论是公事还是私事都与老板沟通。
与老板走得太近可能会伤到你自己！

工作中能够得到老板的赏识自然是件好事，只有在工作能力上能够得到老板的认可，你才有可能在事业上有更好的发展前景。

生活中老板也把你当做朋友，经常与你在一起无话不谈，是否就一定是好事？千万别急着下结论！

或许有人会问为什么？既然老板没把自己当外人，而是把自己当朋友一样对待，那又有什么不好呢？那肯定也会对自己今后的职业发展有很大的帮助。

如果你真的这么认为那就错了，你应该明白一个道理：老板永远是老板，你们之间永远是工作关系。当你和老板走得太近后，会误以为是朋友关系，那样是很危险的。因为这样一来常会把公事和私事混为一谈，处理工作中的问题时易掺杂个人感情，如果你一旦与老板发生矛盾，受伤的只会是你自己。

案 例

李晓光是一名重点大学的毕业生，应聘到一家公司的公关部工作。此人工作能力强、头脑灵活、能说会道，深得老板的赏识。因为公关部的办公室离老板的办公室比较近，一有时间李晓光就会去老板的办公室向其汇报工作，时间长了两人相处得就跟朋友一样，老板时常会在下班后主动邀请李晓光一起去吃饭喝酒，相处久了两人无话不谈，为此李晓光心中感到十分得意。

有一天下班以后，老板又约李晓光去喝酒，李晓光很高兴，于是就屁颠屁颠地跟着老板去了酒吧。酒过三巡后老板已微微有些醉意，脸上也流露出愤恨与痛苦的表情。李晓光看出老板有心事，赶紧询问原因。“可恶的女人竟然背着我在外面养小白脸……”老板气愤地说着。原来老板平常比较忙，会经常不在家，时间长了他老婆居然有了外遇。李晓光一听，赶紧好言劝慰老板。

没过几天李晓光感觉老板对他的态度变得非常冷淡，甚至会因为一个小小的工作失误就把他调到下面的一个基层部门去了。老板态度的明显改变让李晓光觉得一头雾水。直到有一天他在无意中听同事们谈论老板太太红杏出墙的事情，这才恍然大悟，意识到老板一定认为是自己泄了密，把他的家庭丑事告诉了公司的同事们。李晓光虽然觉得十分委屈，但明知这是一件越描越黑的事，也不可能拿到台面上来跟老板解释，于是只能自认倒霉了。

俗话说：“伴君如伴虎。”与老板关系近了，对其生活中的私事有所了解是不可避免的，如果是好事自然不会对你产生什么影响；如果是不太光彩的事情，那么在老板眼里你随时都会对他构成威胁。因此避免了解老板的私事，才不会被不好的事情卷入其中。

员工永远都不要跟老板过于亲密。要知道老板就是老板，即便你们两人的私交再深，但是他具有的老板身份你始终不应忘记，这就要求你在与老板的相处中时刻要小心谨慎。与老板走得太近，他也会担心你对他个人隐私过于了解，如此一来就会降低他在员工面前的威信。此外，提前了解了老板对公司的工作安排，他会认为自己执行起来会很不方便。

因此，不要和老板走得太近，即便是对方主动地向你示好，你也要恰当的保持距离。

专家建议

老板是老板，员工是员工。即便老板十分器重你，你仍要保持清醒的头脑，与老板保持适当的距离。

在职场上千万不能不把自己当外人，跟老板走得太近，不见得是件好事。

把老板的话全当真，恐怕是你太天真

老板答应过的奖赏，却迟迟不见落实；
老板夸自己对工作认真负责，却从来不曾提拔自己。
到底老板说的哪些话可信，
哪些话不可信呢？
一定要学会判断才能行！

老板所说的话千万别句句当真！特别是对老板所说的“甜言蜜语”，你更应该有所选择地听取，应该认真领会老板的真实意图。

有的老板在与新员工见面时，会对公司的未来发展前景侃侃而谈，并会许下很多美好的承诺，似乎一夜之间能从天上掉下个大馅饼，似乎这样的好事是你打着灯笼都难找的。

有的老板夸你对工作认真负责、为人踏实肯干，在公司里人际关系也处理得非常好，可就是工资不见涨，职位也不见升，难道是老板说过的话自己都忘记了吗？恐怕不是，有时候你要明白老板明着是在表扬你，其实是在提醒你哪些方面还存在着不足。夸你踏实，或许是在提醒你不要太固执，否则会缺乏创新精神；夸你在公司里的人际关系处理得好，其实是在说你爱搞小团体，做事缺乏原则等等。

平白无故地说你的好话或者给你好处，那必定是怀有其他的目的，对这样的做法你要特别小心。

案 例

西汉初期时局不稳，一天有人控告梁王彭越要造反。刘邦一听彭越要造反，赶紧派人把他抓了起来，送到洛阳来审理。审来审去彭越确确实实没有任何叛乱的部署和举动，也就是没有彭越造反的真凭实据，可当时的刘邦是一心要铲除"异己"，所以即便是没有证据，刘邦还是把彭越贬为庶人并流放到蜀国的青衣县去了。

彭越被押送入蜀的途中经过郑县时，正巧碰上了从长安到洛阳的吕后的车驾。彭越以为碰上了救星，便请求见见吕后。见了吕后，彭越就向吕后哭诉自己一肚子的冤屈，他说："我已是老朽了，只想将这把老骨头葬在昌邑老家就心满意足了，不敢再有别的非分之想。"吕后答应了，把彭越扶起来后宽慰他说："梁王不必伤心，一切有我呢。你就随我的车驾回洛阳，见了皇上我替你去说情。"彭越听后感激涕零。

刘邦得知彭越被吕后带回了洛阳十分震惊，于是就质问吕后。吕后说："像彭越这样的人，他能由一个草莽盗贼成为如今的诸侯王，证明他有过人的能力，你把他流放到蜀地去，等于是给自己留下了祸患，日后一旦有机会他还会东山再起。不如索性把他杀了，以绝后患。"刘邦说："我虽然也想杀了他，可是一来没有真凭实据，二来流放的命令已经下了，不能再改了。"吕后回答说："那就由我来想办法吧！"于是派彭越的门客告他再次谋反，经刘邦的批准，杀死了彭越。

彭越死得不明不白，他的悲剧就在于自己并不懂得刘邦之所以要除掉他并不在于他谋反是真是假，而在于他当时的势力已威胁到了"刘姓"天下的安定。更悲哀的是他不明白吕后跟刘邦是一个鼻孔出气的，他们的立场和利益是一致的。吕后怎么会平白无故地违背刘邦的意愿而帮自己说话呢？他天真地相信了吕后所说的话，不但救不了自己，还把自己的小命都搭进去了。

因此，不管老板给你的是美好承诺还是溢美之词，你都应该认真分析。要认真判断自己的本职工作是否真的做好了？有时老板的赞美与承诺仅是为了稳定你的工作情绪，让你能够死心塌地为其工作；而有些赞美的话则是明褒实贬，其实是在考察你的反应能力。若是相信老板所说的每一句话，那只能说明你太傻、太天真！

专家建议

老板对你做出的承诺不可太当真，首先要做好你的本职工作，只有把你的工作做好了，才可能得到好的回报。

不要盲目地相信老板所说的话，要明白老板的真实意图和目的所在。

不要对老板所说的每一句话都当真，要知道只有老板才是真正掌握话语解释权的人，和老板较真是绝对没有好处的。

老板的黑锅，背还是不背

帮老板背黑锅，
福者，一人得到鸡犬升天，
祸者，成为可怜的替罪羊。
老板的黑锅到底要不要背？

在职场上有时候难免会遇到背黑锅的情况，比如公司的决策失误却让某个人来承担损失。有时公司效益不好是因为客观原因所造成的，可是老板却让下面的人来当替罪羊。

面对黑锅，谁都是不愿意背的，谁会愿意平白无故地受那种委屈呢？可是如果这个黑锅是老板让你背的呢？你必定会很为难，若不背觉得压力太大，无法拒绝；若是背，老板也许从此以后会对自己更加信任，但是却要付出不小的代价。

如果老板确实需要有人主动地替他背黑锅，那么作为下属，究竟是背好还是不背好呢？又该如何权衡利弊呢？

案 例

小刘是一家建筑公司老板的司机，平日里老板对他不错，小刘对他的老板也是忠心耿耿。

一天早上，老板急急忙忙地叫来了小刘，原来是为其侄子小赵的事。小赵今年刚满18岁，昨晚去参加同学聚会，为了能在同学面前炫耀一番，小赵求叔叔把车子借给他开。虽然他没有驾照，但是平时经常会借别人的车子开出去玩，于是老板并没多想就答应了他。

没想到，聚会时小赵喝了不少酒，在回家的路上一不小心把一位骑自行车的人给撞了，当时小赵心里十分害怕，也没顾上看被撞人的伤势情况，就慌慌张张地开车跑回了家。

如今警察找上门来了，虽然这名被撞伤者并无生命危险，但是肇事车辆已被查出，若是肇事司机小赵被查出来，就会涉嫌无证驾驶、酒后驾驶及交通肇事逃逸，那小赵恐怕要难逃重罚了。

听完老板的讲述，小刘拍着胸脯说：“让我去顶小赵吧，我是有驾照的司机，昨天也没有喝酒，我承认人是我撞的，应该能算普通的交通事故，况且伤者没有性命之忧，只需要多赔些钱就行了。”老板听后十分满意。

但是一到警察局小刘就傻眼了，经不住警察的再三盘问，小刘已是漏洞百出了，最后不得不承认自己是来顶替别人的，并把实情说了出来。如此一来，不但小赵难逃处罚，就连小刘和其老板也因包庇罪要追究其刑事责任。

最终的结果已可想而知，小刘不但丢掉了饭碗，还要承担法律责任。

因此，能否替老板背黑锅也是要慎重考虑的。若仅是为了顾全老板的面子，在不影响自己的工作，不涉及违法事件的情况下，可以把错误主动地揽在自己的身上，帮助老板分担责任，以顾全大局。但是如果替老板背黑锅会涉及自己的职业道德、影响自己的职业前景，甚至会违反法律法规，那是千万不能背的，若是背这类黑锅只会让你得不偿失。

专家建议

替人背黑锅并不可怕，可怕的是不明不白地去背黑锅。如果自己搞不清楚背此黑锅会带来怎样的后果，你最好还是小心为妙。

有时为了工作中能够保全老板的面子，自己主动背一些黑锅，是能够讨老板喜欢的。

对于会涉及职业道德或是法律责任的黑锅，无论是谁的都不要去背，要知道这样的黑锅你背不起。

不会拍马屁只能做个老百姓

你是否会对拍马屁的行为不屑一顾呢？

你是否认为拍马屁的人都是无能之辈呢？

什么样的马屁该拍呢？

拍马屁究竟该如何拍呢？

有的人对拍马屁的行为不屑一顾，认为那不过是无能之辈的阿谀奉承之举，自己有能力、有才华，对拍马屁这样的事情自然应该嗤之以鼻。

这样的想法真的是可取的吗？恐怕未必！要知道每个人都是喜欢听别人赞美自己的。没有哪个人是生来就喜欢听批评的话语的。虽然很多领导表面上看起来对拍马屁的人毫不在意，甚至装出一副十分厌恶的样子，其实这只不过是表面上装装样子罢了，当然也有些人是因为拍马屁的方式太过低俗而惹人反感。如果你真的善于采用合理的方式来拍马屁，或许你就会从一个默默无闻的“老百姓”一跃成为领导眼中的大红人。

案 例

樊军波毕业于一所普通大学，而他就职的企业里是人才济济，淹没在众多精兵强将里的樊军波实在不能算是个出类拔萃的人物。可是进公司不到两年的时间，他就做了公司的行政主管。原因何在呢?

该集团公司的老板杨总有个习惯，就是在空闲时喜欢到各部门去看看、去摸摸情况。一天晚上，樊军波仍独自一人在办公室里埋头工作。刚开完会的杨总就悄悄地来到了樊军波的身后，此时杨总发现樊军波正在做一个行政管理方案，此行政管理方案是自己之前在公司大会上提出来的，虽然自己要求每一名职员都应对公司的行政管理制度提出意见和建议，但是杨总心里也明白，除了行政部门的员工会认真做此项工作外，其他部门的员工大多只会听听而已。

于是杨总就问樊军波：“你为什么会把公司的行政管理方案做得这么认真细致呢？我只是希望你们能够提出意见和建议就可以啦了，具体制订方案那不是行政部门的事情吗？”樊军波赶紧回答说：“我虽然来公司的时间不长，但是现在我是把公司当做自己的家一样看待，并且我认为杨总您别具慧眼，看问题的角度与别人不同，又能够礼贤下士，听得进各种意见。既然你让我们提意见和建议，我就应该认真地把它做好，希望能对公司有所帮助。”杨总听后十分高兴，不久以后就把樊军波调到了行政部门去做主管助理，本来并不是学行政管理专业的他却比别人提升得都要快。

在职场也许你认为自己有技术、有能力，职位的提升那是早晚的事情，其实不然。若不懂得拍马屁可能会让你永远都是职场上的“老百姓”，永远都不会有出头之日。

当然拍马屁也要注意方式，否则很有可能会拍马屁拍在马腿上，不但会让周围的同事鄙视你，连被拍马屁的人也会反感你。拍马屁不是简单说一些甜言蜜语，怎样才能做到巧妙的拍马屁呢？

首先，要学会去赞美别人。当你周围的同事取得工作成绩的时候，你要适时地给予赞美；赞美别人的长处，就是对别人的肯定，别人反过来也会发现你身上的闪光点，这对你的职业发展是大有好处的。其次，拍马屁也不应仅仅停留在口头上。有时候一个崇拜的眼神，或者是点头示意都能表达你内心的尊敬和赞许。最后，拍马屁不一定非要使用语言。了解别人的想法和需求，在对方未开口提出要求前就帮其办妥事情，这样的做法更能打动他人的心。

专家建议

拍马屁要有依据，不能空穴来风，更不能夸大其词，毫无依据的马屁拍出去不但会让同事觉得你庸俗，连被拍马屁者也会怀疑你说话的动机和目的。

拍马屁要掌握好时机和分寸，拍马屁讲究的是说话的艺术，要学会发现别人身上的优点和长处，并不失时机地给予赞美。

拍马屁不要只是停留在口头上，有时候了解一个人的真实想法和需求，不动声色地帮他完成想要完成的任务，更能打动他人的心。

读懂老板的肢体语言

老板找你谈话时却不正眼看你，
老板喜欢把手交叉放在脑后，
老板坐着时喜欢翘二郎腿……
从这些简单的肢体语言中，
你能否读懂老板的真实想法？

人是高级动物，语言是我们在生活和工作中最习以为常的沟通方式，但是不要认为人与人之间的沟通只能用语言的方式来进行，有时候肢体语言也是很重要的一种交流方式，并且能起到语言所不能达到的表达效果。

在职场上很多员工都会认真地听老板所说的话，因为从老板的话中他们可以了解自己想要获得的信息。但是如果你是一名精明的员工，你就不应该只是注意老板口头所说的话，还要学会观察老板的说话方式及其肢体语言。对于大多数老板而言，他们不但善于口头上的表达，而且善于运用肢体语言，一个小小的肢体语言，有时要比言语更能表达他们的真实想法。只要你能读懂老板的肢体语言，自然也就能明白老板的真实想法。

案 例

楚汉战争时期，刘邦和项羽势均力敌，双方形成僵持的局面。此时，另外一支重要的军事力量中韩信的态度，就成为决定战争天平偏向那一方的重要砝码。韩信最初是从项羽手下跑来投奔刘邦的，现在他手握重兵正在齐国平定叛乱，虽然名义上他是刘邦的部下，但是在项羽的引诱下也开始采取了观望的态度，希望能从双方的僵持中得到更多的好处。

有一天，韩信的信使来见刘邦，说韩信在齐国平定叛乱，怕老百姓不服，希望刘邦封他为“假齐王”。刘邦听后非常不高兴，因为自己现在与项羽激战正酣，韩信不但不来帮忙，反而跑来邀功请赏，不是明摆着要挟自己吗？所以刘邦就把脸拉得很长，一言不发。这时候张良看出了刘邦的心思，于是在桌子底下用脚猛踢了刘邦一下。这一踢立刻把刘邦给踢醒了，刘邦马上和颜悦色地对使者说：“韩信立了大功劳，封王是应该的，要封就封真齐王，哪能封假齐王呢。”

待韩信的使者走后，刘邦非常感激张良，要不是他看穿了自己的心思，及时提醒自己，说不定韩信就会去投奔项羽了。

张良之所以能成为刘邦最信任并和得到重用的“员工”，就是因为他不但能听得懂刘邦这位“老板”所说的话，而且连其肢体语言和表情他都能完全领悟。俗话说：“伴君如伴虎。”如今的职场也存在着同样的问题。在老板身边工作，也要能读懂他的肢体语言，这样才能成为老板的左膀右臂。

怎样才能做到这一点呢？其实很简单，只要把握好以下两方面的内容即可。

第一，要了解和掌握一些基本的心理学知识。若老板说话时眼睛并不看你，表明他对你的意见或建议不重视；若老板喜欢把双手交叉放在脑后，说明他是一个自负甚至有些刚愎自用的人；若老板喜欢翘二郎腿，表明他是一个很有自信的人……一个人的肢体语言包括很多种，在平时需注意观察，多了解一些相关的心理学知识，这样就能运用自如了。

第二，要学会察言观色。每一位老板都有自己的特点，其自身的肢体语言会受到家庭背景、教育经历等多方面因素的影响。反之，老板的肢体语言也会影响他们的管理风格。只有在平时的工作中，多注意观察老板的言行举止，你才能真正了解他们的想法，准确地领悟老板的意图。

专家建议

老板的肢体语言有时候比直接的口头表达更重要，因为其往往能代表他们的真实想法，在工作中要学会察言观色，领会老板的真实意图。

每个人都有自己不同的肢体语言，不同的肢体语言代表了不同的含义，要学会在工作中慢慢积累这方面的知识。

学会和你的老板讲话

有的人总会在老板面前说："可能是这样……"，
有的人则喜欢在老板面前开玩笑，
还有的人同老板说话时总会显得语无伦次……
与老板谈话要讲究技巧，
不要过多地给自己带来负面影响。

职场上很多新人都不习惯或者不会和老板谈话。有的人一和老板谈话就会紧张，说起话来总是结结巴巴、前言不搭后语；有的人则常用可能、也许、大概等词语来回答老板的提问；有的人在和老板说话时总是没大没小、不注意自己的身份；还有的人喜欢跟老板套近乎，乱开玩笑……

要知道老板是公司的领导，和老板谈话一定要注意说话的方式，正确的沟通方式可以加深老板对你的信任感；不懂技巧、胡乱说话，轻则会让老板对你轻视、冷落，重则会让你丢掉饭碗。

案例

李昊霖是位刚毕业的大学生，她的第一份工作是在一家公司做文秘，但是仅上班几天，她就被辞退了。原来李昊霖到这家公司以后，便被安排到老板的办公室做秘书，协助老板处理一些日常管理中的事务。

由于之前她没有工作经验，自己又不认真学习，所以每次老板问李昊霖问题时，她总是用可能、也许、大概等模棱两可的词语来回答，这让老板觉得十分不满。有一天，李昊霖接到一个电话后便飞快地把话筒递给了老板。“是谁打来的电话？”老板头也没抬地问。“应该是找你的吧！”李昊霖答道。“是谁打来的？”老板再次问她。“听声音好像是王主管。”李昊霖小心翼翼地回答。“知道是什么事情吗？”此时老板拉着脸问。“嗯……不太清楚。”李昊霖紧张地回答着。“你究竟知道什么？什么都不知道你来这里干什么？我看你还是回家去吧！”老板彻底被李昊霖激怒了，大声说着。

第二天果真就把她给辞退了。

在老板面前一定不要说些模棱两可的话，要知道老板问你话时，肯定希望能够得到一个确切的答复，否则他问你的话还有什么意义呢？给老板一个准确的信息，这既是一种认真的工作态度，又是一种工作能力的体现，所以一定不要忽视回答问题时的措辞。

除了要懂得正面回答老板的问题外，还要注意在工作中不要在老板面前随便开玩笑，特别是开那些针对老板本人的玩笑。要知道老板跟员工永远不可能会是真正平等的，或许你开的一个无心的玩笑就会让老板心存芥蒂，对你以后的工作产生不利的影响。

案 例

陈珊是个活泼开朗的女生，平时在公司总喜欢和周围的同事开玩笑，就是当着老板的面自己也时常会调侃几句。

一次一位客户有一份文件需要老板签字，签完字以后这位客户称赞老板说：“您的签名可真气派！”这话恰好被刚走进老板办公室的陈珊听见了，陈珊一阵坏笑地说：“能不气派吗？我们老板在私下里已经练了半年多了！”此言一出，老板和客户两人都显得十分尴尬。

还有一天天气很冷，老板来上班时戴了一顶墨绿色的鸭舌帽。当他刚走进公司的大门时，陈珊便像发现了新大陆一样大声说："老板！你今天戴绿帽子啦！"陈珊的话音刚落，公司的同事们忍不住都私下里偷笑起来，而老板则气得脸色铁青，头也不回地走进了自己的办公室。后来，老板便把陈珊调到下属的分公司去工作了。

乱开老板的玩笑是绝对不可以的，特别是让老板丢面子以及具有人身攻击的玩笑；但是不会和老板沟通也是不行的，要知道工作干得好有时候不如话说得好！怎样和老板进行沟通呢？有的人很惧怕和老板当面进行交流，一看到老板便采取回避的方式，如果不得不和老板面谈，其在说话时也总是会结结巴巴、哆哆嗦嗦的，半天都表达不清楚自己的想法。这种做法是不可取的。与老板沟通时，只要我们能够放松心态，以正常的方式与老板进行交流，就能有良好的表现。

案例

小魏是一家工厂的技术工人，虽然他的工作干得很出色，但是因为他平时性格内向、腼腆，不会与同事和上级领导交流，所以几年下来他只能停留在自己的技术岗位上，没能得到晋升的机会。

有一次小魏同几名同事一起陪老板去出差，不巧的是小魏和老板被分到了同一辆车上。乘车时，小魏觉得非常尴尬，想找老板聊天却又不敢开口，不聊天又会显得很没礼貌。后来老板看出了小魏的心思，主动询问起小魏家里的情况。虽然小魏还是像往常一样非常紧张，但是老板祥和的态度还是让他放松了许多。后来，小魏慢慢地把心态调整好，和老板谈得越来越投机，就连平时在工作中不敢提出的建议也都一起说了出来。

当他们下车的时候，老板语重心长地对小魏说："今后在厂里要多与人交流，没必要过多地担心，今天要不是和你说了这么多话，我也没机会了解你是这么有思想的一个人。"

所以，不要忽视与老板的谈话。如何与老板谈话对每个员工来说都是很重要的。只有学会和你的老板沟通，你的老板才能真正了解你的才能和想法，你才会获得更好的职业发展前景。

专家建议

与老板讲话要注意方式，千万不能在老板面前说一些模棱两可的话，这样的话语只会让你的老板很生气，同时会怀疑你的工作态度和能力。

老板永远是老板，要学会尊重你的老板。在老板面前大呼小叫、称兄道弟或者不分场合地跟老板开玩笑，只会让你因小失大。

保持一颗平常心，以坦然的心态去面对你的老板并与其进行沟通和交流；这样既能体现你的能力，又能让老板了解你的真实想法。

自己的不足还需自己表白

自己有了缺点该怎么办？
是极力掩饰，
还是假装自己不知道。
如果把自身的缺点告诉了老板，
是否就再也没机会得到重用了。

当我们在工作中有不足之处时应该怎么办？有的人可能认为自己的不足要是被周围的同事知道了，肯定会瞧不起自己，所以自己要假装什么都懂；有的人认为要是自己的不足之处被上级领导知道了，肯定不会再对自己委以重任，所以自己应极力掩饰；还有的人认为如果自己的不足之处若被老板知道了，以后必定不会再给自己加薪升职了，所以必须要打肿脸充胖子，假装自己样样都很能干。

其实这样的做法往往都是在欲盖弥彰，不但不能掩盖我们自身的不足，反而会给别人留下虚伪的印象。在职场中当我们有不足之处时，大可不必如此大费周折地掩盖自己的缺点，有时承认自己的缺点，并能主动地说出来更能获得大家的欣赏，至少同事会认为你很诚实，而且很有自知之明。掩盖自己的缺点只会让别人觉得你是个骄傲自满之人，或者认为你做人太虚伪，不值得信任和委以重用。

案 例

项羽占据关中时，有个叫韩生的人劝项羽在咸阳建都，因为关中地势险要、土地肥沃，建都可以立霸业。项羽看到秦宫都已被烧毁，残破不堪，同时又怀念家乡，一心想回故乡去，于是便说："人富贵了不回故乡，就好像身穿锦衣在夜里走路一样，有谁能看得见呢？"韩生听后偷偷地对别人说："曾听说楚人不过是沐猴而冠罢了，如今看来果真如此。"不料这句话传到了项羽的耳朵里，于是他立刻派人把韩生抓来，投入鼎镬煮死了。

相反，刘邦又是如何看待自身缺点的呢？一次刘邦在洛阳南宫摆酒宴时说："我这个人没什么本事又很傲慢，并且有时还很不尊重人，而项羽却很仁厚又很体贴人，为什么最后得天下的人是我，而不是项羽呢？"。王侯将领们听了都面面相觑，不知道该怎么回答。此时刘邦却哈哈大笑地说："虽然出谋划策，我不如张良；治理国家，我不如萧何；带兵打仗，我不如韩信。但是我能让他们为我所用，这就是我能得天下的真正原因。"众臣听后都十分佩服他。

对于项羽来说，看似他表面强大，但是他的内心却很柔弱，因为他害怕正视自己的缺点和不足，而正是他的这种目光短浅让有才能的人都会离他而去。而对刘邦来说，他不但能正视别人对自己的批评，而且还能够主动地把自己的缺点说出来，说明这个人是很有风度和自知之明的，这正是为什么那么多人甘愿跟随他的原因。

同样的道理，职场人士也要敢于面对自己的不足，而且还要敢于主动地把自身的不足之处说出来。因为老板不是傻子，你有什么样的缺点，在长期的工作中，肯定很难瞒过他的眼睛。与其让老板指出你的缺点，不如趁早自己说出来，然后努力改正，这样才会给老板留下诚实可靠、努力上进的好印象。

专家建议

有时候人有缺点并不可怕，可怕的是自己不敢面对自己的缺点，不能够正视自己缺点的人永远不会有进步。

与其让你的老板指出你的不足，还不如自己承认自身的不足，只有坦诚地面对自身的缺点并改正它，老板也才会真正信任你。

应该让老板做选择题，而不是问答题

在工作中接受任务或者遇到问题时，
是直接向老板寻求解决办法，
还是应该自己提出可行性方案后，
再供老板进行选择呢？
如果你是老板，你会喜欢哪一种方式？

在工作中有的人一遇到问题和困难，就会急忙跑到老板的办公室，向他汇报情况，然后再寻求解决问题的办法。这种做法表面上看起来好像十分乖巧，其实不然。要知道老板的工作很忙，或许并不喜欢你这种事事都要汇报、请示的做法，因为有些琐事不但会让他们感到心烦意乱，而且还会让他们认为你是个毫无主见、没有头脑的人。

这样的做法其实是很不可取的，因为你一遇到问题，就直接把它抛给老板，既反映出你的工作态度不积极，又反映出你的工作能力有问题。应该先主动考虑和分析问题，找到有效的解决方案后再请老板定夺，才是正确的做法，只有这样做才能将“问答题”变为“选择题”，这样做不但可以为老板分忧，而且还能在解决问题的过程中提高自己的能力。

案例

刘佳和王森是同一所学校的毕业生，毕业以后两人应聘到同一家公司工作。由于是刚毕业的学生，她们没有工作经验，老板便安排她俩在办公室工作，负责接电话、接待来访的客人以及整理资料等。

看似简单的工作，但不久以后两人的差别便显现出来了。刘佳无论遇到什么事情，都会不经考虑就直奔老板的办公室，直接让老板给出解决办法，而王森做事则细致得多，无论事情大小，首先自己会对其进行细致深入地分析，然后再将解决办法进行初步筛选，最后再报送老板处供老板进行抉择。

有一天办公室里的打印机坏了，很多重要的文件都打印不了，于是刘佳急忙跑到老板的办公室问他该怎么办？老板听后拉着脸说：“你自己看着办吧。”而王森得知这一情况后，经冷静思考后来到了老板的办公室对他说：“老板，我们这台打印机损毁比较严重，要进行维修的话可能需要耽误一段时间，您看是我先将资料拿出去打印，还是另外买台新的打印机。如果买新打印机，这里有两款比较适合我们办公室用的打印机资料，可供您参考，如果可行我立即去商场够买，尽量不耽误工作。”老板听后满意地点点头，选择了其中的一款打印机。不久以后王森就被该公司正式录用了，而刘佳则不得不另谋出路。

因此作为职员一定要知道，没有哪位老板喜欢回答问题，把“问答题”抛给上级领导是不明智的做法。最好的处理办法应该是变“问答题”为“选择题”，将事先想好的多种解决方案，在汇报工作的过程中一并提出，让老板进行抉择。

怎样才能够把“问答题”转变为“选择题”呢？

首先，要端正自己的工作态度。很多人在工作中没有抱着积极的心态去解决问题，所以一遇到问题和困难时，就会认为那些事情与自己无关，自己只要做个传声筒就可以了，根本没有想过该怎么去解决。

其次，要仔细观察，冷静思考。当自己在工作中遇到重大问题时，要第一时间进行汇报，听从指示；当遇到的是些小事情时，自己应该事先想好解决问题的办法，再将其提供给老板进行抉择。

专家建议

遇到问题或者困难不要急于向上级领导或者老板征求解决办法，首先自己要把情况了解清楚，然后制定好解决方案以供上级领导或老板参考。

作为职场人士，我们千万不要只做“传话筒”，要能够在工作中真正发挥出自己的才能和作用，只有这样的员工老板才会喜欢。

在老板面前，事无巨细地请示与汇报，只会让老板心生厌烦。要懂得哪些事情是应该自己去处理的，哪些事情是应该准备好资料后再请老板定夺的。

大树底下好乘凉，你需要一位好老板

遇到一位好老板或许能让你少奋斗10年，
遇到一位差老板会让你的职业前景变得黯然失色。
什么样的老板是好老板呢？
是给你良好的待遇重要，
还是能为你提供发挥自身才能的平台更重要呢？

俗话说：“男怕入错行，女怕嫁错郎。”如今男女都是一样的，既怕选错行业，又怕选错对象。而在职场中，这个所谓的“对象”便是老板了。

职场上有些人会认为，老板的好坏可能与自己没有太大的关系。反正只要自己每个月能按时领到工资就可以了，至于老板有没有才能、有没有远大的目标、有没有宽广的胸怀等，这些对自己而言毫无意义。

事实恐怕并非如此，遇到一位好的老板，不但能给你提供足够的报酬，满足你基本的生活需求，而且还能够为你提供一个更大的让你能发挥自身才能的空间，让你能够在工作中不断提高自己的能力，让你在工作中能获得荣誉感和成就感。反之，遇到一位差老板，不但会让你在工作中处处受到不公平的待遇，让你的付出得不到应有的回报。若长期在这样的老板手下工作，要么会使你丧失自身的锐气和进取心，比如，当一天和尚撞一天钟、得过且过；要么会严重怀疑自己的才能，变得消沉和自暴自弃。

案 例

战国时期有位名叫冯谖的人去投靠孟尝君，孟尝君问他：“先生有何喜好？”冯谖摇头。孟尝君又问：“那你有何才干？”冯谖还是摇摇头。孟尝君笑了笑，还是收留了冯谖。孟尝君手下的人瞧不起冯谖，觉得他没什么本事，于是就只给他粗茶淡饭吃。

过了没多久，冯谖靠着柱子，用手指敲击着他的佩剑说：“长剑啊，咱们还是回去吧，这儿没有鱼吃啊！”孟尝君手下的人把这事告诉了孟尝君。孟尝君说：“给他鱼吃，和中等门客同样的待遇。”又过了没多久，冯谖又靠着柱子，用于敲击着自己的剑说：“长剑啊，咱们还是回去吧，这里出门连马车也不能坐！”孟尝君手下的人都嘲笑他，又把这话告诉了孟尝君。孟尝君说：“给他配车，同上等门客一样的待遇。”于是冯谖坐着马车，拿着宝剑去拜访他的朋友，并且夸耀说：“孟尝君把我当做上等门客对待！”之后又过了些日子，冯谖又敲起他的剑说：“长剑啊，咱们还是回去吧，在这儿无法养家。”此时孟尝君手下的人都很讨厌他，认为此人贪得无厌。孟尝君知道后就问他：“先生有亲属吗？”冯谖回答说：“有位老母。”于是孟尝君就派人供给冯谖的母亲吃用，不让他的母亲挨饿受冻。如此一来便解决了他的后顾之忧。此后冯谖再也不发牢骚了，一心一意地辅佐孟尝君，在以后的岁月中，冯谖凭借自己出色的智慧和能力，帮助孟尝君化解了一次又一次的困难和危机，留下了一段千古佳话。

冯谖遇上孟尝君这样一位“好老板”，最终使自己成为一名出色的“经理人”。若是遇上一位普通的老板，那他可能就只是一个默默无闻的“打工仔”。若是遇上一名差老板，那他可能连自己的饭碗都保不住，还得继续穷困潦倒地生活。

好老板对我们职场上的员工来说是如此的重要，所以在选择老板的时候千万要仔细考量。有的老板虽然目前给你的待遇并不是很高，但是如果他是一个有能力、有眼光、有胸襟的老板，那你就应该毫不犹豫地选择他。反之，如果有的老板仅是甜言蜜语，答应给你丰厚的报酬，但实际上他是一个小肚鸡肠、没有眼光、爱斤斤计较的人，选择这样的老板时还需谨慎。

职场上的老板各有特点，但是有些老板是不能选的。选错了老板，就如同上了贼船，中途想后悔都来不及了。职场上哪些老板不能选呢？

第一，刚愎自用型的老板不能选。因为这样的老板总是认为“我说的话就是真理，按照我说的话去做肯定没错”。如果有人敢提出与他不同的想法，他要么对你的意见不屑一顾，要么就会对你冷嘲热讽，好像全世界只有他是正确的。此外，刚愎自用型的老板身边通常会围着不少“马屁精”，在这种老板手下工作，得意的永远是那些会拍马屁的小人，真正有才能的人早晚会受到排挤。

第二，唠叨不停的老板不能选。这样的老板整天都会像老太婆一样不断地唠叨，他们每天在公司里走来走去，看每位员工是否都在努力工作以及哪些工作没有做好，他会跟每个人打招呼，每天都要开一次没有重点的会议。对于这样的老板来讲，表面上看似对工作认真负责，其实只会浪费时间。

第三，事必躬亲的老板不能选。有的老板对公司里所有的事情都要过问，大到公司的决策，小到办公室买个拖把都要亲自解决。什么事情若不经过他的同意，是绝对办不成的！这样的老板活得很累，你在他手下工作会感觉更累。在这样的公司工作，你只能像一台机器一样不停地听他指挥，根本发挥不出你的才能。

第四，从不夸奖员工的老板不能选。有的老板在公司里整天板着脸，你的优点及工作成绩他永远都看不到。反之，如果你在工作中稍有差池，他便会大动干戈地向你兴师问罪。这样的老板是极端自私的，他们的眼里永远只有自己的利益。想要跟这样的老板同舟共济，实现“双赢”的局面永远是不可能的。

第五，没有主见的老板不能选。这样的老板往往是别人说什么就是什么，表面上看似是虚心听取大家的意见，实际上是自己心里没有主见。公司的管理制度一天一改，公司的发展目标和方向总是模糊不定，长久地为这样的老板工作，是不会有好的发展前景的。

专家建议

好老板是你人生事业的助推器，能让你在工作中如鱼得水，从而获得你想要的回报。

差老板不但不能满足你的需求，而且往往会成为你事业上的绊脚石，让你在职场中举步维艰。

选择老板不要简单地用报酬来进行比较，要从各方面综合考量老板的素质，要知道事业的发展是个长期的过程，盲目选择的结果，只会让你事倍功半。

Part 10

职场谋变，三思而后跳

人往高处走是跳槽，人往低处走是被扫地出门

有更高的待遇要不要跳槽？
有更高的职位要不要跳槽？
工作中的困难无法解决，
无法适应公司的管理制度，
面对类似的问题是不是也要跳槽？

职场上有很多人常爱把“跳槽”挂在嘴边，究竟什么是跳槽？其实跳槽的原意是指牲口离开所在的槽头到别的槽头去吃食，如今是指人离开原来的工作单位，到另一个新的单位另谋高就。

职场上跳槽的人很多，虽说跳槽有各种各样的原因，但是大体分为两种情况：一是主动跳槽。如果有更好的公司、更好的职位、更高的待遇或者更大的发展空间，那么由自己主动离职，便称为主动跳槽。二是被动跳槽。这种离职的原因往往是因为害怕面对工作中的种种困难，或是因为承受不了目前的工作压力，或是因为自己的工作能力太差，或是因违反公司的规定而被辞退。

案例

刚毕业的大学生，跳槽的比率是相当高的，据新浪网的调查显示：30%的大学生会在找到第一份工作后选择跳槽到新的单位，而在一年以后这个比例会增至50%。这是个什么概念呢？也就是说有近一半的高校毕业生都有过跳槽的经历，并且有的人还不止跳槽一次，而是好几次。

职场中跳槽的人，不外乎有两大原因：一是想要借跳槽来逃避困难。这类人一旦在工作中遇到压力和挫折，首先想到的不是如何

去解决问题，而是如何逃避。如果在公司内部无法逃避的话，那就会直接选择跳槽。其实这种做法往往是换汤不换药，并不能真正解决问题。另外一种情况是自己本身在企业里资历比较浅，没有任何特长和技能，但是却总喜欢这山望着那山高，总是认为上级领导或老板不重视自己，或企业给予的待遇太低。他们从来不会反思自己拥有什么能力和作出了怎样的贡献，等到跳槽以后，仍然无法改变原有的状态，于是便又有了新的“跳槽”打算。

案例

周开阳是北京一所名牌大学的毕业生，毕业后他被国内一家装修设计公司招聘为室内装潢设计师。刚到该公司时，周开阳挺得意的，因为自己所在的部门只有自己的学历最高，其他的员工大多毕业于一些很普通的院校，自己的主管也只是一名大专生，之前还不是专门搞设计工作的，只是在前几年才“半道出家”改行做起了设计工作，所以周开阳压根儿就没把同事们和自己的主管放在眼里。

可是不久以后周开阳的心里就开始不踏实了，虽然之前认为毕业于名牌大学，到了工作岗位上必定能做出成绩来。但实际情况是，自己在实际工作中遇到了很多以前根本没有遇到过的问题，可是周开阳又拉不下脸面去请教其他同事，觉得向学历比自己低的人请教是件丢人的事情，于是只能自己埋头苦干。当主管把他的问题当面指出来后，周开阳顿时觉得脸上很没面子，于是经常会找各种理由进行推脱，或者干脆就说自己的创意主管根本不懂。

一天公司接到一个重要订单，公司老板很重视这个订单，想到周开阳是从名牌大学毕业的，就亲自点名要周开阳来做，周开阳为了挣回面子，就爽快地答应了，然后自己便闷头苦干起来。可是一个月后等他把设计方案交上去时，客户看后却很不满意。于是主管只能亲自带领几名同事熬夜加班，重新设计出了一套让客户满意的方案，以此避免了公司的重大损失。经历了这件事情后，公司老板和同事全都对周开阳有了看法，周开阳如坐针毡，在办公室里有种度日如年的感觉，于是便萌生了跳槽的想法。

年底时周开阳听说主管被一家知名的外企看重，要被挖到那家外企去工作了，于是自己也想趁此机会找个台阶下，找家公司赶紧离开这个单位。当该主管辞职时，老板执意要挽留他，后来知道他主意已定，便亲自设宴为他送行。公司的其他员工听说这位主管要去外企工作了，都在私下里向他道喜祝贺，大家都为这位主管感到骄傲并为他祝福。当周开阳提出辞职的时候，老板只是讽刺地说了句："咱们这是庙小容不下你这尊大佛呀，希望你以后能有更好的发展。"而公司其他的员工则假装不知道似的，照样继续工作，于是周开阳只好在同事们冷淡的目光中落荒而逃。

无论是主动辞职也好，被动辞职也罢，都应该明白这样一个道理，即人往高处走是跳槽，人往低处走是会被扫地出门的。如果真的有一个更好的公司，有一个更好的工作岗位和发展空间，这样的跳槽无疑是无可厚非的，别人也会认为你是一个真正有技术、有能力的人。反之，如果你是因为工作能力差，无法克服工作中的困难，或者是因为自己在工作中无法与同事及上级领导很好地相处而离职，你所选择的下一个单位大概也不会太好。因为新单位的领导必定会关注你离职的原因，如果因为上述原因而离职谁还愿意再聘用你呢？于是你不得不选择到更差的单位或岗位上去工作，而你的职场之路也会越走越坎坷。

因此职场上要想跳槽，首先得确定自己将来是否能够在新单位得到升职或加薪，是否能够拓宽自己未来的职场道路。如果自己仅仅是因为想逃避工作中的困难，或者只是幻想自己能有更好的工作就选择跳槽，那你还不如趁早静下心来，找到克服困难的办法以及充实和提高自己的能力，这才是解决问题的最佳办法。

其次，需正确看待跳槽的得与失。也许一次跳槽能为你增加工资收入，但是也可能会使你失去原有的工作经验、人际关系、升值机会等无形的财产，所以在跳槽前必须要综合考虑，全面进行分析，这样才不至于让你在职场中丢了西瓜捡了芝麻。

专家建议

跳槽要能够真正给自己带来更高的职位和报酬，或者是能够拥有更大的发展空间，如果不具备这些前提条件，你就应该仔细考虑是否真的值得跳槽。

如果你是因为无法克服工作压力才选择了跳槽，那你应该先学习如何克服工作中的困难，而不应借跳槽来逃避现状。

人往高处走，水往低处流。跳槽的目的并不是为了逃避困难，而是为自己选择更好的职业发展道路。

离职谈话时真能言无不尽吗

即将离开原来的单位时，
是不是就可以畅所欲言了？
把所有的不满情绪全都发泄出来。
这样做的后果，
你是否考虑过？

员工离职，无论是对于公司还是对于离职人员而言，大多是件比较敏感和令人不愉快的事情。因为对公司而言，优秀员工的离去是公司的损失，自然是会令企业管理者感到遗憾的。对主动离职的员工而言，必定是自己对公司的管理制度等有太多的不满意，才会选择辞职离开。

当有员工主动离职时，一些比较有远见的公司管理者会为了今后的发展，诚恳地与离职员工进行一次详细的离职面谈。这样做的目的一方面是公司想要了解员工离职的真实原因，以便于今后在管理工作中加以完善。另一方面是为了与离职的员工进行情感的沟通，以保持企业的良好形象。

对于大多数即将离职的员工而言，此时常会抛开所有的顾忌，知无不言，言无不尽。把自己想发的牢骚全部发泄出来，似乎只有这样做才算是出了一口恶气。却不知，这样做的后果仅能逞一时的口舌之快，有可能会给自己带来更多的负面影响。

或许有人会认为反正自己一拍屁股便走人了，哪里还会给自己造成什么负面影响呢？但是你要明白：地球太小了，说不定什么时候还会与目前的同事或老板再打交道，若把话说绝了容易伤感情，对自身而言也并没有什么好处。

案 例

王林燕曾经在一家品牌服装店做销售工作，这家服装店的店长叫王畹，年龄跟她差不多大，又是同乡。王林燕积极热情，为人心直口快；王畹做事认真细致，考虑问题很周到，处理事情比较含蓄委婉。两人在工作中合作得很愉快，无论是王林燕的个人销售业绩还是整个店的销售业绩都十分出色，相处久了，两人自然就成为无话不说的朋友了。

年底时公司打算明年新开几家店铺，因此，要求各个店的店长从内部人员中挑选出一名出色的销售人员，并将其提升为新店的店长。王林燕听到这个消息后很高兴，自己在工作中业绩突出，又跟王畹是好朋友，她一定会推荐自己的。可是王畹了解王林燕的性格，她只适合做销售，但是要她管理店铺、处理员工之间的关系，她的能力略显不足，因此她推荐了另外一名综合条件较强的员工。

王林燕听说后肺都气炸了，当场就跟王畹翻了脸，并且扬言自己再也不会跟她做朋友了。不久王林燕就将自己的辞职书呈交给了总公司的老板。老板得知王林燕要辞职，自然会问她辞职的原因。于是王林燕便把所有的怨气都洒在了王畹的头上，她一股脑儿地说出了王畹在工作中的缺点和不足，还说她嫉贤妒能，假公济私等。由于王林燕和王畹私人关系较好，在工作中遇到不顺心的事情难免会在一起抱怨老板的做法不公平。如今王林燕把之前抱怨的话都推到王畹一人身上，老板听后自然是非常生气。

王林燕辞职离开公司后心里十分得意，心想："你不让我好过，我也不会让你好过，这下我看你怎么跟老板解释。"果不其然，当老板找王畹问起那些情况时，王畹真的是百口莫辩，虽然有些话自己在私下里的确说过，可是那只不过是发发牢骚而已，如今无论怎么跟老板解释都解释不清楚了，老板以后对自己肯定会有很多的看法，无奈之下王畹只能选择了辞职。

后来王林燕到了一家新的服装公司做服装销售员，可是上班第一天她就傻眼了。原来王畹辞职以后，被这家服装公司看中，聘请她做销售经理。如此一来，王林燕还是在王畹手下工作，可想而知以后王林燕的日子肯定不会太好过。

所以离职面谈中，虽然对于离职的员工而言心中会有太多的不满，但是千万不能意气用事，要控制好自己的言行。如果你离职不是出于真心而是另有原因，那么更应该懂得委婉地表达出来，有时候如果把话说绝了，事情就没有挽回的余地了，那样做反而会得不偿失。

那么在离职面谈时，怎样做才是正确的呢？

首先，对于离职的原因，如果公司是诚心诚意请你提出意见和看法时，你应尽量实事求是地把我们真实的想法说出来，要让公司领导觉得你的意见是真实可信的，要给别人留下好印象。在离职面谈中尽量不要夹杂太多的个人情感，不要把自己的抱怨和牢骚话当做主要的问题来讨论，因为这样做并不能解决实际问题，相反还会给人留下不好的印象。

其次，离职面谈时要尽量避免恶语伤人。不管自己曾经受了多大的委屈，都要向公司人员传递友善的信息。比如，可对公司领导说："自己或许真的不适合这个岗位（或者自己有什么原因不得不离开），但是自己在公司学到了很多的东西，感谢公司对自己的培养等等。"传递友善的信息是积极的做法，能为自己留下好印象，还可以维系之前的人脉关系。要知道无论你走到哪里，良好的人际关系和广泛的人脉都将是你能否取得成功的重要因素。

专家建议

无论你今后还在不在这家公司工作，说话和做事都要有分寸，把话说得太绝，对自己今后的发展没有任何好处。

离职时真诚的意见可以谈，但是尽量不要有过多的牢骚话和抱怨，要知道发牢骚和抱怨只会给人留下更多的负面印象。

应做到人走了，人情还在。尽量要与原单位的同事保持良好的关系，不可仅图一时之快而采取恶语伤人的手段。

“回头草”究竟能不能吃

跳槽之后发现还是原先的单位好，
之前的老板如今想请你回去工作，
想回原单位工作，
但是已换了新的老板，
……
能不能吃“回头草”呢？

俗话说：“好马不吃回头草！”跳槽后就别再惦记回原来的单位了。也有人认为，原来是自己太冲动，希望还能够再回到原来的单位工作。“回头草”究竟能不能吃呢？

在职场中确实有人反对“好马不吃回头草”这句话，也有在离职后又回原单位工作的成功案例。但事实上，其成功的几率并不高。

为什么会这样呢？因为在你离职之后又回到原来的单位工作，要面对一系列非常现实的问题。首先，你若返回原单位，就证明了你当初的离开是错误的！你必须要面对老板和上级主管对你的信任问题。其次，重新回到原单位工作，你是该享受“新人”待遇呢，还是该享受老员工的待遇？若做一名“新人”，你肯定会觉得不甘心；若做一名“老员工”，必定会引起其他同事的不满。因此，当这些现实矛盾摆在你眼前时，想要成功地吃到“回头草”就会变得十分困难了。

案 例

唐大智大学刚毕业的时候，没能找到工作，正好自己的一名同学要成立一家公司，他主动邀请唐大智和自己一起创业，于是唐大智毫不犹豫地就答应了。新公司还未正式开张营业，唐大智便和那位同学因公司未来的发展方向及用人问题产生了分歧。两人都年轻气盛、互不相让，于是唐大智一气之下，便以结婚为由辞去了工作。

唐大智辞职以后，找了很久也没有找到合适的工作，此时之前的那名同学打电话给他，希望他能回公司上班，并且答应让他继续负责市场部的运营管理。唐大智认为暂时没有找到好的工作，还不如回到原来的公司去上班，于是他又回到了原来的公司。可是回去后他才发现，如今公司规模已经扩大了，来了很多新的员工。虽然之前的那名同学还是很信任他,但是下面的员工并不服从他的管理。原因很简单，虽然自己当初在此工作过，但是真正公司的发展却是靠那些新员工努力地付出得来的。如今自己作为一名“新员工”从天而降，却成为他们的上司，他们心中自然会很不服气。唐大智觉得自己的管理工作难以展开，只好主动辞职了。

唐大智辞职以后，又换了几份工作，但是自己始终都不满意，觉得自己当初不该草率地辞职，还是想回原来的公司工作，于是他便主动给那位同学打电话说明了情况。同学听后觉得碍于情面不好拒绝，就勉强答应了他的要求。

再次回到原来的公司，唐大智本想静下心来重新开始，好好干一番事业，可是无论是他同学，还是周围的同事都不再信任他了，重要工作也都不再让他参与了，唐大智已无法融入该团队中，不得不再一次选择了辞职……

在以后的工作中，唐大智吸取了之前的教训，遇到困难时不再总想着吃“回头草”，而是踏踏实实地走好每一步，如今，终于成为一名成功的营销经理。

“好马不吃回头草”的真正含义是说良骥在草原上吃草时，一眼便能看见鲜美可口的嫩草，它会沿着一条选定的路线吃下去，直到吃得足够饱了才返回。好马是不会东啃一口、西啃一口，回头再去补吃遗漏的嫩草的，因此没有回头草可吃才不会回头。在职场上也是同样的道理，把握好自己眼前的这份工作，尽心尽力做好当前的工作，这样即便你某天真的离职了，也不会留恋之前的工作，那么自然也就不会去吃“回头草”了。

专家建议

职场中人际关系十分复杂，想要吃“回头草”前，必须要仔细考虑吃“回头草”可能会带来的后果。

“好马不吃回头草”不是“回头草”不可以吃，而是与其吃“回头草”，还不如脚踏实地吃好眼前的“草”。

跳槽千万不能损害“老东家”的利益

既然已经选择了跳槽，
谁还会管原单位的利益呢？
人不为己天诛地灭！
这样的想法是很危险的。

有些人认为，从一个单位跳槽以后，自己与原单位是大路朝天，各走一边。从今以后，原来的单位与自己再也没有任何关系了，谁还会再去考虑原单位的利益呢？也许原来的单位领导对你不公平，现在正好借离职的机会，可以把你的损失都弥补回来。

如果你也有这样的想法千万要注意了，不要以为离职以后原单位的利益就与你毫无关系了，如果你真的做了有损“老东家”利益的事情，可能受到的不仅仅是道德上的谴责，甚至还有可能会给你惹上官司，让你受到法律的制裁。

案 例

杨洪武是一名学广告设计专业的大专生，2005 年毕业后他应聘到一家广告公司做设计工作。在广告公司工作了两年后，杨洪武觉得工资太低了，因此打算跳槽。

为了能使自己更具有吸引力和竞争力，杨洪武把其他人设计的作品也当成是自己的设计作品添加在简历中，以突出自己的设计能力。不久以后，另一家公司看中了杨洪武，承诺给他高薪并委以重任。杨洪武刚跳槽到那家公司，便被要求独立设计一个品牌的食品包装广告。由于他的能力有限，之前杨洪武大多是和同事们一起设计广告方案，如今要求他独立完成一个设计方案，让他感到压力很大。

但是杨洪武是个很有心计的人，在之前的那家公司辞职前，他就已经悄悄地把该公司近两年来所有的设计方案都复制了一份保留起来了。有了那些现成的设计方案，杨洪武只需稍作改动就可以了。果然，该设计方案很快就通过了领导的审批，但是杨洪武还没来得及得意，麻烦便找上门来了。原来这个品牌的食品广告刚进入市场便引起了版权纠纷，后来经过公司调查才发现杨洪武此次的设计方案并不是他原创的，而是抄袭了原公司的设计作品。

由于杨洪武的做法给该广告公司造成了巨大的损失，并引起了法律纠纷，所以该公司毫不犹豫地把他开除了，并以违反合同内容为由，要求杨洪武赔偿该公司相应的损失。

因此如果我们选择了跳槽，要尽量与原单位的人员搞好关系，毕竟大家在一起工作过，或多或少还是会有一定感情的。即便是自己和原单位人员的关系不好，也不应该做有损于“老东家”的事情。

跳槽之后，不能因为和原单位人员的关系不好，或是为了谋取利益就去做损害原单位的事情。要知道此做法不但是违反道德标准的，而且还有可能违反相关的法律法规。如果你坚持要这么做，最终的结果必定会害人害己、得不偿失。

专家建议

不管是因为什么原因跳槽，都要尽量与原单位的人员保持友好关系，即便不能保持友好关系，也不能做损害原单位利益的事情。

不损害原单位的利益，既是对职场人士职业道德的要求，又是不应触碰的法律底线。

即便打算离职，人还是要做得完美

跳槽意味着什么？
意味着曾经的工作成绩要归于零，
意味着职场人际关系要重新建立。
在这种情况下，
还有没有必要完成手头的工作呢？

俗话说："人走茶凉！"一个人，不管他在曾经的工作岗位上干得有多么出色，多么被领导器重，也不管他曾经在单位里的人际关系有多好，当他离开后，大多数人都会慢慢将他遗忘，这便是所谓的世态炎凉。

正是因为大家都知道"人走茶凉"的道理，因此在确定自己的离职时间后，上班便会抱着做一天和尚撞一天钟的态度，很多本来可以做好的工作，也会变得马马虎虎、草草了事。

这种做法看似是人之常情，不应该过多地受到人们的指责。其实不然，有时候看似是些小事，却会因为你即将离职而被无形地放大了。有的人一贯表现得很好，当知道自己要走后，工作就没了积极性，很多能做好的工作也做不到位了，原本在单位中留下的好印象瞬间也会全部消失。而有的人却尽忠职守，在职一天就会全力做好自己的工作，这样的人不仅能够获得很高的评价，还能为自己今后的发展创造机会。

案 例

宋敏是南京一所财经大学的高材生，毕业后进入了南京的一家财务公司工作。她工作能力强，又特别有责任心，同事之间的关系也处得不错，短短几年间就被提升为该公司的财务主管了，并深受老板的器重。

有一天宋敏突然向公司提交了辞职报告，原来宋敏在南京工作，但是她的男朋友却在上海工作，给他们的生活造成了极大的不便。现在宋敏和他的男朋友已在上海买了房子，准备结婚了，所以她打算辞去南京的工作，等结婚后重新在上海找工作。现在已距结婚不到一个月的时间，所以宋敏急着辞职离开。

老板一听宋敏要走觉得很舍不得，但是又无法挽留，只好同意了，只要求她做好交接手续便可以离开。宋敏准备离职的这段时间恰是公司各部门业务最忙的时候，公司员工经常要加班到深夜，老板认为宋敏交了辞职书以后，会以要准备结婚为由，把工作交给其他员工去做，可是宋敏不但每天准时来上班，而且还跟公司里其他的员工一同加班到深夜。

老板心中十分不解，一天他忍不住询问起宋敏都要离职了，为什么还会这么努力地工作。宋敏回答说："虽然我要走了，但是我对公司还是很有感情的，只要我在这里一天，就一定会尽职尽责地做好自己的工作。最近公司业务这么忙，自己怎么能够不管呢？"

宋敏所说的一番诚恳的话让老板十分感动，之后老板递给她一张名片，亲切地对她说："这是上海一家大公司老总的名片，他跟我是好朋友，该公司财务部门现在正缺人，我会向他推荐你的，你若要想去该公司工作的话，只要拿着名片去找他就可以了。"如此一来，还没有走出原公司大门的李敏便毫不费力地就得到了另一个工作的机会。

因此无论是做人还是做事，眼光都要放得长远一些，不要只看到眼前的利益。或许你明天就要跳槽到别的公司去工作了，但是今天的工作你还应该尽职尽责地去完成，这就叫做会做人。只有会做人的人才会得到高评价，而评价高的人到哪里都会受欢迎的。

专家建议

跳槽不等于要抛弃一切，该做的工作还是要做的，该处理好的人际关系还要处理好，这是做人的基本原则。

跳槽虽重要，但给人留下好印象更重要，换工作容易，能够换来好的评价却很难，一个好的评价可能会给你带来更多的工作机会。

跳槽与年终奖的是是非非

跳槽后年终奖就会受到损失，
不跳槽又会失去好的工作机会。
是跳还是不跳呢？
真的是“鱼”和“熊掌”不可兼得吗？

年终之际，员工最关心的问题有两个：一是获得年终奖的数额；二是跳槽去选择理想的职位。年终奖自然就不必说了，辛辛苦苦工作了一年，到了年底，大家都希望能够得到丰厚的回报，这既是对自己工作成绩的肯定，又可为节日期间平添一份喜庆的氛围。然而对于那些想要离职的员工来说，在拿年终奖与选择跳槽之间会出现很多矛盾。

什么样的矛盾呢？近年来有些企业为了防止员工年底跳槽，费尽心思想出了一种新的年终奖发放方式，即将年终奖分成几个部分，分次、分批进行发放。这种方式是想把年终奖作为留人的绳索，把员工的利益直接与公司的发展捆绑在一起，以防范员工集中跳槽给公司带来更大的损失。如此一来，有些想跳槽的员工就发愁了。跳槽吧，自己的年终奖或是其中的一部分就拿不到了，心有不甘；不跳槽吧，眼看着有更好的发展机会就会从自己眼皮底下溜走，让自己觉得十分遗憾。

在这种情况下，有没有一种“鱼”和“熊掌”可以兼得的办法呢？如果有，是不是真的就能两全其美呢？

案 例

孙玉坤是一名房地产经纪公司的销售人员，他所在的公司规模不大，平时他的工资收入也不高，但是企业每到年底都会拿出一大笔钱当做年终奖来发放给员工，由于房地产销售业的人员流动性很大，公司这样做的目的是希望员工能够在来年继续为公司创造业绩。

年底又快到了，孙玉坤本来打算一拿到年终奖就向公司提出辞职，可是今年公司发放年终奖的方式进行了调整。由于往年有很多员工一拿到年终奖就立即跳槽了，给公司来年的工作造成了很大的影响，所以今年年终奖改为两次发放：一次在春节前发，一次在元宵节后发，这下让孙玉坤十分为难。若是现在辞职，一半的年终奖肯定是拿不到了，那会相当于是自己一个季度的工资数额；等到拿了另一半年终奖再辞职的话，就会错过重新寻找工作的好机会，要知道春节后的那个月可是找工作的黄金时期。

后来孙玉坤找到了一个两全其美的好办法：自己先向公司承诺会继续留下来工作，然后在春节期间又向公司请了长假。孙玉坤在请假期间到另外一家大型房地产经纪公司去应聘，谎称已经与原单位解除了劳动合同，自己手中留有很多购房客户的资源。

这招果然很奏效，很快孙玉坤就被招聘到一家新的房地产销售公司去工作了，而原来他所任职的公司还被蒙在鼓里，还在等着他回去处理很多未完成的业务。可是纸终究包不住火，没过多久还是被原公司的领导发现了。原公司以孙玉坤的做法严重违反了公司规定为由，将孙玉坤直接开除了，并拒绝再发放另一半年终奖，并以《中华人民共和国劳动法》第九十九条中规定的“用人单位招用尚未解除劳动关系的劳动者，对原用人单位造成损失的，该用人单位应当承担连带责任。”为由，通知了孙玉坤所在的新公司。新公司因怕承担法律责任，便立即与孙玉坤解除了劳动合同。

最终孙玉坤是竹篮打水一场空，两边的工作都丢了，另一半年终奖也没能拿到，还险些吃官司。

因此，做事时眼光一定要放得长远些。如果真的有更好的发展机会，自己就应该采取有所取舍的态度，不要被眼前的小利益所羁绊；如果没有更好的发展机会，自己就应该抛弃杂念，踏踏实实地工作。如果在跳槽时仍想跳槽、拿钱两不误，自己一定要事先做好准备，或者与原单位沟通好离职时间，或者与新单位约定好入职时间，这样才可以做到华丽转身，千万不能因小失大。

专家建议

如果跳槽真的有更好的工作机会和发展前途，你就应该坚定地去选择，不要被眼前的小利益所拖累。

如果跳槽只是为了增加微薄的工资收入，你还不如留下来获得年终奖。要明白公司的运作经验和人脉关系，同样是你所拥有的无形资产。

让“跳槽”成为提升自我的踏板

有一份稳定的工资收入，
有一个不错的工作环境，
有了良好的职场人际关系，
有一位和蔼可亲的老板……
这些会不会让你感到很满足呢？
使你从未想过要跳槽呢？

有的人一旦找到了一份稳定的工作，有了一份不错的收入，有了一个舒适的工作环境，有了良好的职场人际关系……就会让他们变得很容易满足。至于当初的职业理想和抱负，现在统统变得不再重要了，只要能够维持现状，自己永远都不会想到要“跳槽”，永远都不会想去改变现有的工作。

这种想法真的就可取吗？恐怕未必！因为任何事情都是在发展变化的，凡事预则立，不预则废。你今天所拥有的好工作到了明天不一定还会拥有，即便你能一直拥有它，对你的职业发展也未必就会有好处。有时候一个舒适的工作环境会把我们变成温水里的青蛙，让我们只会变得越来越依赖这种工作环境，害怕有所变动，到最后只会逐步失去自我，彻底沦为职场中的“奴仆”。只有真正认识到自己想要追求的是什么？不为眼前的利益所束缚，才能有所发展。

案例

连续15年蝉联福布斯全球华人首富宝座的李嘉诚相信已是无人不晓的人物。18岁时李嘉诚因不愿长期寄人篱下，便到一家塑料花厂当推销员，由于他出色的推销业绩，两年后被提升为塑料花厂的总经理，全权负责日常事务。虽然身为总经理，他却把自己当做“小学生”，总是蹲在工作现场，身着工装，同工人一道干活。李嘉诚凭借勤奋和聪颖，很快掌握了生产中的各个环节。生产势头良好，销售网络日臻完善，许多大宗的生意他都是通过电话完成的，之后再派手下的推销员去送货。李嘉诚很快成了塑料花厂的台柱子，成为高收入的打工仔，同龄人中的佼佼者。年仅20出头的他就爬到打工族的最高位置，做出令人羡慕的业绩。

然而李嘉诚并未对自己当时的现状感到满足，他准备自己创业，面对极为舍不得自己的老板，李嘉诚说了一句老实话：“我离开你的塑料花厂，是打算自己也办一家塑料花厂。我难免会使用在你手下学到的技术，大概也会开发一些同样的产品。如今塑料花厂是遍地开花，我不这样做，别人同样也会这样做。不过我绝不会把你的客户带走，用你的销售网络推销自己的产品，我会另外开辟销售渠道。”这是他人生中一次重大的转折，从此他走上了充满艰辛与希望的创业之路。

在职场上，我们需要时刻保持警醒状态，不要被现有的舒适环境所束缚，该跳槽的时候还是要坚定地跳槽。虽然对职场上的每一个人来说，跳槽都是个痛苦的过程，因为跳槽意味着你要到一个陌生的环境，一切都要从零开始，但是并不能因为这个原因就让自己变得畏首畏尾，在必要的时候我们还是应该主动选择跳槽。

首先，如果你在一个工作岗位上已经学不到新知识时，你就应该考虑是否该换工作了。有些工作虽然稳定，但是只是些简单的重复性劳动，根本学不到新的知识和技能，在这样的工作岗位上呆久了，只会消磨你的意志和进取心。

其次，如果一份工作离你的职业发展目标越来越远，那就应该考虑更换了。为什么职场人士的发展会千差万别呢？最重要的一点就是目标不同。俗话说：“你想成为什么样的人，你就会是什么样的人。”成功的人往往都是朝着目标百折不挠地前进的，而平庸的人大多只是随波逐流，哪个地方舒适就在哪个地方停留下来。

最后，如果你没有遇到一位好老板，你也应该及时考虑跳槽。如果把一个公司比作一条船，我们每位职员都是船上的一名水手，而老板就是那位掌舵的人，只有他才能决定着航船的行驶方向。如果你遇到的是一位没有眼光和才能的老板，即便他对你再好，那也是不值得留恋的，因为跟着他干你是不会有发展前途的。

专家建议

跳槽是需要付出很大代价的，但是不要因为这个原因就安于现状、惧怕改变。跳槽即是一种挑战，又是一种机遇。

当我们在一个工作岗位上学不到新的知识与技能时，当一份工作与我们的职业目标背道而驰时，当我们遇到一位平庸的老板时，就是我们应该考虑改变自我的时候了。